Gustav Schwab

ODYSSEE

Nachhaltigkeit liegt uns am Herzen.

Hergestellt in Deutschland
Gedruckt auf FSC®-Papier
Lösungsmittelfreier Klebstoff
Drucklack auf Wasserbasis

Natürlich
magellan

GUSTAV SCHWAB

ODYSSEE

Aus den
„Sagen des klassischen Altertums“

Mit einem Vorwort von
Prof. Dr. Hartwin Brandt

Bearbeitet von
Dorothea von der Höh

magellan

VORWORT

Die „Sagen des klassischen Altertums" von Gustav Schwab (1792–1850) waren über viele Jahrzehnte ein Klassiker, heute würde man sagen: ein Bestseller, ähnlich wie Grimms Märchen. Schwab, der als Pfarrer und Lehrer wirkte, wollte aber nicht in erster Linie Geld verdienen, sondern er wollte, wie er in seinen Vorbemerkungen zu den zwischen 1834–1840 erschienenen Bänden schreibt, die „innere Kraft der lebendigen Bilder" der antiken „Natur- und Geisterwelt" einem jugendlichen und älteren Lesepublikum nahebringen, als „Vorschule für die höhere Bildung". Derartige didaktische Ziele sind heutzutage, da der gymnasiale Unterricht in den Fächern Latein und Griechisch längst nicht mehr selbstverständlich und für viele auch gar nicht mehr erstrebenswert ist, nicht mehr zeitgemäß – aber dennoch lohnt es sich, den wichtigsten und wirkungsreichsten Sagenkreis der Antike, die in den homerischen Epen „Ilias" und „Odyssee" dichterisch gestalteten Geschichten von und um Troja und ihre Helden, zu kennen. Denn im Theater und im Opernhaus, in Museen auf antiken Vasen und neuzeitlichen Gemälden, in Comics und im Film begegnen uns auch heute immer wieder Figuren und Motive der trojanischen Mythen, und ohne Kenntnis der von den antiken Dichtungen hergeleiteten Begebenheiten, Konflikte sowie Kriegs- und Liebesgeschichten lassen sich diese Produkte der künstlerischen Rezeption gar nicht recht verstehen. Doch der Zugang zu dieser fernen (Gedanken-)Welt ist schwierig, und daher bietet es sich auch heute noch an, auf die trojanischen Sagen von Schwab zurückzugreifen, der sich um Vollständigkeit seiner Nacherzählungen der Dichtungen Homers und Vergils sowie um leichte Verständlichkeit bemüht hat. Und zugleich soll die Lektüre Freude bereiten, die spannenden Geschichten sollen unterhalten und zum Weiterlesen anregen. Daher ist der vorliegende Text im engen Anschluss an die Schwab'sche Vorlage entstanden, aber durch behutsame sprachliche Anpassungen modernisiert und durch gelegentliche Erläuterungen (in eckigen Klammern) bereichert worden. Schwab wünschte sich, wie er im Vorwort schrieb, dem Altertum durch seine Nacherzählungen „zahlreiche Freunde bei den Jungen und manche auch bei den Alten [zu] erwerben" – diesem Ziel möge auch diese Neuausgabe der von Schwab erstellten „Odyssee" dienen.

Prof. Dr. Hartwin Brandt

INHALT

ODYSSEE

DIE IRRFAHRTEN DES ODYSSEUS

Telemachos und die Brautwerber

Inzwischen waren die Griechen von Troja heimgekehrt, und viele der Helden, die die Schlachten während des Krieges oder den Sturm auf der Heimfahrt überlebt hatten, waren jetzt zu Hause, glücklich oder unglücklich.

Nur Odysseus, der Sohn des Laërtes und Fürst von Ithaka, war noch auf der Irrfahrt und von einem seltsamen Schicksal betroffen. Nach mancherlei Abenteuern saß er in der Ferne auf einer rauen, mit Wäldern bedeckten, einsamen Insel mit Namen Ogygia. Hier hielt ihn eine Nymphe in ihrer Grotte gefangen: die Göttin Kalypso, Tochter des Atlas. [*Atlas gehörte zu den Titanen. Sein Name bedeutet „Träger" und er stützte das Himmelsgewölbe.*] Sie wollte ihn nämlich zum Ehemann haben. Odysseus aber blieb seiner Frau Penelope treu.

Schließlich klagten sogar die Götter im Olymp über Odysseus' Los. Nur der Meeresgott Poseidon, der alte Feind der Griechen, war unversöhnlich und zornig. Er wagte es zwar nicht, Odysseus zu vernichten, aber auf seiner Heimfahrt legte er ihm unaufhörlich Hindernisse in den Weg und trieb ihn in die Irre. Und er war es auch, der ihn auf diese unwirtliche Insel geworfen hatte.

Nun aber wurde doch im Rat der Himmlischen beschlossen, Odysseus aus den Fängen der Inselfürstin Kalypso zu befreien. Auf Athenes Bitte wurde der Götterbote Hermes nach Ogygia geschickt, um der schönen Nymphe Zeus' unwiderruflichen Beschluss zu verkünden, dass Odysseus die Rückkehr in seine Heimat bestimmt sei.

Athene selbst band sich die goldenen Sohlen unter die Füße, mit denen sie über Wasser und Land dahinschweben kann. Sie nahm ihre mächtige Lanze mit der scharfen eisernen Spitze, mit der sie so manche Helden in der Schlacht bezwungen hatte, und schwang sich von dem felsigen Gipfel des Olymps herunter. Bald stand sie auf der Insel Ithaka, die an der Westküste Griechenlands liegt, vor Odysseus' Palast. Ihre Göttergestalt war verwandelt, und mit der Lanze in der Hand glich sie dem tapferen Mentes, dem König der Taphier.

Im Haus des Odysseus sah es traurig aus. Die schöne Penelope, Ikarios' Tochter, blieb mit ihrem jungen Sohn Telemachos nicht lange die Herrscherin in dem verlassenen Palast.

Nachdem längst die Nachricht von Trojas Fall und von der Rückkehr der anderen Helden gekommen war, Odysseus aber immer noch nicht heimkehrte, verbreitete sich allmählich mit immer größerer Sicherheit das Gerücht von seinem Tod. Und schnell erschienen zahlreiche Männer bei Penelope: zwölf von der Insel Ithaka selbst, auf der noch andere mächtige und reiche Leute außer dem Fürsten Odysseus wohnten, von Zakynth zwanzig, von Dulichion zweiundfünfzig. Sie fanden sich mit einem Herold, einem Sänger, zwei geübten Köchen und großem Sklavengefolge bei Penelope ein. Unter dem Vorwand, um die Hand der jungen Witwe zu werben, ließen sie sich alle im Haus nieder, genossen Hab und Gut des abwesenden Fürsten und trieben den frechsten Übermut. Und dieses Unwesen dauerte nun schon über drei Jahre.

Als Athene in der Gestalt des Mentes ankam, fand sie die üppigen Heiratskandidaten eben an der Schwelle des Hauses beim Brettspiel. Sie saßen auf Rinderhäuten; die Rinder hatten sie aus Odysseus' Ställen genommen und geschlachtet. Herolde und Diener eilten hin und her. Die einen mischten in gewaltigen Krügen Wein unter das Wasser, andere säuberten die aufgestellten Tische mit Schwämmen und zerlegten das reichlich aufgetragene Fleisch.

Der Sohn des Hauses, Telemachos, saß traurig bei den Werbern, dachte an seinen wunderbaren Vater und ob er denn nicht endlich käme, um die Scharen der Frechen zu zerstreuen und sich seinen Besitz zurückzuholen.

Als er die Göttin in der Gestalt des fremden Königs sah, eilte er ihr entgegen und hieß den angeblichen Gast willkommen.

Nachdem beide in den Gewölbesaal des Palastes eingetreten waren und Athene ihre Lanze in den Speerkasten, der sich an der Hauptsäule befand, zu den Lanzen des Odysseus gestellt hatte, führte Telemachos seinen Gast zu Tisch. Er lud ihn ein, sich auf einen Thronsessel mit schön gewebtem Polster zu setzen, und schob ihm einen Schemel unter die Füße. Er selbst stellte seinen Sessel daneben. Eine Dienerin brachte in einer goldenen Kanne Wasser für die Hände des Fremden. Dann trug sie Brot und Fleisch herbei. Ein Diener zerlegte die Speisen und ein Herold goss Wein in die goldenen Becher.

Bald darauf traten auch einer nach dem anderen die Brautwerber ein und setzten sich alle auf stattliche Lehnsessel. Die Herolde besprengten ihnen die Hände, die Mägde reichten ihnen Brot in Körben, die Diener füllten ihnen den Becher bis zum Rand. Und als kämen sie nicht gerade vom Essen, machten sie sich über das leckere Mahl her.

Danach hatten sie Lust auf Tanz und Gesang. Der Herold reichte dem Sänger Phemios die zierliche Harfe, und die Werber forderten ihn auf, zu spielen und zu singen.

Während sie nun der Musik lauschten, neigte sich Telemachos zu seinem Gast hinüber und flüsterte der verwandelten Göttin ins Ohr: „Mein lieber Gast, wirst du mir das, was ich dir sage, nicht verübeln? Siehst du, wie diese Menschen hier fremdes Eigentum verprassen? Das Gut meines Vaters, dessen Überreste vielleicht am Ufer im Regen vermodern oder auf den Wellen umhergetrieben werden? Er wird wohl nicht zurückkommen, um sie zu bestrafen! Aber du sage mir, edler Fremder, wer bist du, wo wohnst du und wo sind deine Eltern? Bist du vielleicht ein Freund meines Vaters?"

Athene erwiderte: „Ich bin Anchialos' Sohn Mentes, Herrscher über die Insel Taphos. Ich bin mit dem Schiff gekommen, um in Temesa Erz gegen Eisen einzutauschen. Frage deinen alten Großvater Laërtes, der, wie man sagt, fern der Stadt in Kummer auf dem Land lebt. Er wird dir sagen, dass unsere Häuser seit langer Zeit in Gastfreundschaft miteinander leben.

Ich kam, weil ich glaubte, dein Vater sei wieder daheim. Dem ist nun wohl nicht so, aber bestimmt lebt er noch. Es hat ihn wohl auf eine wilde Insel verschlagen, wo er mit Gewalt festgehalten wird. Und ich habe die Ahnung, dass er nicht mehr lange dort bleiben wird, sondern sich bald befreit und heimkehrt!

Du gleichst deinem Vater sehr, lieber Telemachos! Vor allem hast du seine freundlichen Augen! Du musst nämlich wissen, dass ich deinen Vater gekannt habe, bevor er nach Troja aufbrach. Seitdem habe ich ihn nicht mehr gesehen. Doch sage mir, was ist hier los in deinem Haus? Feierst du denn ein Gastmahl oder ein Hochzeitsfest?"

Telemachos seufzte und antwortete: „Ach, lieber Freund, früher war unsere Familie angesehen und reich. Jetzt ist es anders. Alle diese Männer aus der Nachbarschaft, die du hier siehst, umwerben meine Mutter und verzehren unseren Besitz. Sie selbst kann eine verabscheute Wiedervermählung weder ablehnen noch ihr zustimmen. Und in der Zwischenzeit verwüsten diese Schlemmer mein Haus. Es wird nicht mehr lange dauern, bis sie mich umbringen!"

Mit zornigem Schmerz antwortete die Göttin: „Wie sehr brauchst du deinen Vater, Junge! Ich empfehle dir, darüber nachzudenken, wie du diesen lästigen Schwarm aus dem Palast loswirst! Lass mich dir einen Rat geben: Morgen sprich zu ihnen, und sage, dass jeder seiner Wege ziehen soll und gehen, wohin er will. Deiner Mutter aber sage: Wenn sie sich neu verheiraten möchte, soll sie in den Palast ihres königlichen Vaters heimkehren. Dort soll die Hochzeit vorbereitet werden.

Du selbst aber rüste dein bestes Schiff mit zwanzig Ruderern aus, und mach dich auf den Weg, um deinen Vater zu suchen. Gehe zuerst nach Pylos im Land Elis und frage dort den ehrwürdigen Greis Nestor. Erfährst du dort nichts, wende dich nach Sparta zum Helden Menelaos, denn er ist als letzter der Griechen heimgekehrt. Hörst du dort, dass dein Vater lebt und dass er zurückkehrt, nun, dann ertrage es noch ein Jahr. Hörst du aber, dass er gestorben ist, dann kehre heim, bringe das Totenopfer dar und errichte ihm ein Denkmal.

Findest du die Brautwerber noch immer in deinem Haus, so überlege, wie du sie durch List oder öffentlich tötest. Schließlich bist du dem Kindesalter längst entwachsen! Hörst du nicht, welchen Ruhm Orestes geerntet hat, weil er seines Vaters Mörder, Ägisth, erschlug? Du bist so groß und stattlich! Sorge dafür, dass auch dich deine Nachkommen loben!"

Telemachos dankte dem Gast für seinen guten Rat und sein väterliches Wesen. Und da der Gast aufbrechen wollte, wollte Telemachos ihm ein Gastgeschenk mit auf den Weg geben. Der angebliche Mentes versprach, wiederzukommen und es auf dem Rückweg abzuholen.

Dann verschwand die Göttin, denn sie flog wie ein Vogel durch den Kamin.

Telemachos staunte über das Verschwinden des Fremden. Er ahnte, dass es ein Gott gewesen war, und dachte über seinen Rat nach.

Im Saal gingen inzwischen Saitenspiel und Gesang weiter. Eben sang der Sänger von der traurigen Heimfahrt der Griechen von Troja und alle Brautwerber lauschten.

Droben im Erker saß derweil die einsame Penelope und das Lied klang zu ihr hinauf. Da stieg sie mit zwei Dienerinnen herab und trat zu den Heiratskandidaten in den Saal ein, jedoch in einen dichten Schleier gehüllt.

Eine der Mägde stand neben ihr, und weinend wandte

sie sich an den Sänger Phemios: „Du kennst doch sonst viele herzerfrischende Lieder, guter Sänger! Erfreue sie damit, aber diesen Jammergesang, der mich quält, den lass bleiben! Ich muss auch ohne solche Lieder ständig an den Mann denken, dessen Ruhm durch ganz Griechenland reicht und der noch immer nicht heimgekehrt ist!"

Aber Telemachos sagte freundlich zu seiner Mutter: „Schimpfe doch nicht mit dem Sänger, dass er uns mit dem erfreut, was ihm gerade auf dem Herzen liegt. Nicht den Sängern, sondern Zeus müssen wir die Schuld geben, der ihnen die Lieder eingibt und sie begeistert, wie er will! Lass ihn deswegen immerhin das Leid der Griechen besingen! Odysseus ist ja nicht als Einziger nicht zurückgekehrt. Wie viele andere Griechen sind untergegangen!

Du selbst, liebe Mutter, kehr in die Frauenräume zurück. Erfülle dort deine Aufgaben, webe und beaufsichtige die Arbeit deiner Frauen! Das Wort führen die Männer und vor allem ich, denn ich bin der Herr im Haus."

Penelope wunderte sich über die vernünftige und bestimmte Rede des Jungen, den sie früher nie so hatte sprechen hören und der auf einmal zum jungen Mann herangereift schien. Sie kehrte zum Erker zurück und beweinte dort einsam ihren Mann.

Auch den Brautwerbern, die vom Wein übermütig wurden, trat Telemachos entgegen und rief in die Versammlung hinein: „Erfreut euch an dem Mahl, aber macht nicht solchen Lärm. Denn es ist ein Vergnügen, dem Sänger in Ruhe zuzuhören! Morgen wollen wir Ratsversammlung halten. Da will ich euch frank und frei den Vorschlag machen, nach Hause zu gehen. Denn es ist Zeit, dass ihr euch an eurem eigenen Besitz gütlich tut und nicht das Erbe eines fremden Mannes vollständig aufbraucht."

Die Werber bissen sich auf die Lippen, als sie ihn so reden hörten, und konnten über die entschlossenen Worte des jungen Mannes nicht genug staunen. Aber von seinem Vorschlag, zu Penelopes Vater Ikarios zu reisen, wollten sie nichts hören und stritten sich trotzig mit ihm. Endlich standen sie vom Tisch auf und auch Telemachos legte sich schlafen.

Am anderen Morgen sprang er zeitig vom Lager auf, zog sich an und hängte sein Schwert um die Schultern. Dann trat er aus dem Raum, befahl den Herolden, die Versammlung der Bürger einzuberufen, und lud auch die Brautwerber dazu ein.

Als sich das Volk zahlreich versammelt hatte, erschien der Fürstensohn, die Lanze in der Hand. Pallas Athene hatte seiner Gestalt Erhabenheit und Anmut verliehen, sodass er von allen bestaunt wurde. Selbst die Greise machten ihm ehrerbietig Platz und er setzte sich auf den Stuhl seines Vaters Odysseus.

Da erhob sich als Erster der weise, erfahrene Held Aigyptios in der Versammlung. Sein ältester Sohn Antiphos war schon mit Odysseus vor Troja gezogen und erst auf dem Rückweg verunglückt. Sein zweiter Sohn Eurynomos war einer der Brautwerber, während die zwei jüngsten Söhne noch beim Vater zu Hause waren.

Aigyptios sprach: „Seit Odysseus fort ist, haben wir uns nicht versammelt. Wem ist denn auf einmal eingefallen, uns zusammenzurufen? Ist es ein älterer Mann oder ein jüngerer und was will er uns mitteilen? Hat er etwa von einem heranziehenden Kriegsheer gehört? Oder möchte er einen Antrag zum Wohl des Landes stellen? Nun, sicher ist es ein Ehrenmann. Zeus segne ihn, was er auch vorhaben mag!“

Telemachos freute sich über das glückliche Vorzeichen, das in diesen Worten lag.

Er erhob sich, trat in die Mitte der Versammlung, und nachdem der Herold Peisenor ihm das Zepter gegeben hatte, sprach er: „Ich habe euch zusammengerufen, denn Kummer und die Sorge bedrängen mich. Erst habe ich meinen guten Vater, euren Herrscher, verloren, und jetzt stürzt mein Haus ins Verderben und mein ganzer Besitz geht dahin.

Meine Mutter wird von unerwünschten Brautwerbern bedrängt. Sie sträuben sich, meinen Vorschlag anzunehmen und bei Ikarios, dem Vater meiner Mutter, um sie zu werben. Nein, jeden Tag aufs Neue machen sie sich in unserem Haus breit. Sie schlachten unser Vieh und trinken ohne Scheu den funkelnden Wein aus dem Keller. Was kann ich gegen so viele tun? Erkennt doch selbst euer Unrecht, ihr Werber. Habt doch Respekt vor anderen, vor den Nachbarn, zittert auch vor der Rache der Götter! Wann hat euch mein Vater beleidigt, wann habe ich selbst euch Schaden zugefügt, für den ihr Ersatz von mir nehmen dürftet? Ihr aber ladet mir unverdienten Schmerz auf die Seele!“

So sprach Telemachos, weinte dazu und warf zornig sein Zepter auf die Erde.

Die Brautwerber schwiegen, und keiner außer Antinoos, der Sohn des Eupeithes, wagte es, ihm ein heftiges Wort auf seine Rede zu erwidern.

Dieser erhob sich und rief laut: „Welche Unverschämtheit erlaubst du dir gegen uns? Nicht wir Brautwerber haben all das verschuldet, sondern deine eigene intrigante Mutter! Drei

Jahre, und bald das vierte, sind vergangen, und immer noch verspottet sie den Wunsch ihres Volkes. Allen verspricht sie ihre Gunst und schickt bald diesem, bald jenem Mann Botschaften zu. Aber im Herzen denkt sie ganz anders.

Doch wir durchschauen ihre List. Sie hat zu den versammelten Heiratskandidaten gesprochen: ‚Ihr jungen Männer, gebt mir mit der Entscheidung und der Hochzeit nur so lange Zeit, bis ich das Leichengewand für Odysseus' alten Vater Laërtes fertig gewebt habe, damit bei seinem Tod keine Griechin mich tadeln kann, wenn der angesehene Mann als Leiche nicht festlich gekleidet ist!' Mit diesem Vorwand gewann sie unsere Herzen.

Und sie saß auch wirklich jeden Tag an der Arbeit. Aber in der Nacht trennte sie heimlich alles wieder auf, was sie tagsüber gewoben hatte. So entging sie unseren Aufforderungen drei Jahre lang und täuschte uns edle Griechensöhne. Eine der Dienerinnen, die sie nachts belauschte, hat uns davon erzählt. Und so überraschten wir sie selbst, während sie damit beschäftigt war, ihr Gewebtes aufzutrennen. Darauf zwangen wir sie, das Werk zu vollenden.

So geben wir dir denn zur Antwort, Telemachos, dass es dir freisteht, deine Mutter zu ihrem Vater zu schicken. Aber du sollst ihr auch befehlen, sich mit dem zu verheiraten, den ihr Vater auswählt oder den sie sich selbst aussucht.

Wenn sie aber die edlen Griechen noch länger verhöhnt und sie mit ihrem Truggewebe täuschen will, so zehren wir auch noch länger von deinem Besitz und werden dein Haus nicht eher verlassen und nach Hause zurückkehren, als bis deine Mutter einen Ehemann gewählt hat."

Telemachos antwortete: „Antinoos, ich kann doch meine Mutter, die mich geboren und erzogen hat, nicht zwingen und womöglich aus dem Haus verstoßen, egal, ob mein Vater noch lebt oder tot ist. Weder ihr Vater Ikarios noch die Götter würden ein solches Verhalten billigen. Nein, wenn ihr selbst noch ein Gefühl für Recht und Unrecht habt, so verlasst mein Haus und besorgt euch eure Mahlzeiten anderswo. Oder verzehrt wenigstens euren eigenen Besitz und lasst die Bewirtung reihum gehen. Wenn es euch aber richtig erscheint, das Erbe eines einzelnen Mannes zu verschlingen, ohne ihn dafür zu bezahlen, so müsst ihr das tun! Ich aber werde die Ewigen anflehen, damit mir Zeus zur wohlverdienten Entschädigung verhilft!"

Während Telemachos so sprach, schickte ihm Zeus ein Himmelszeichen. Zwei Gebirgsadler schwebten mit ausgebreiteten Flügeln aus den Lüften herab und umeinanderher. Als sie über den Köpfen der Versammelten angekommen waren, schauten sie drohend herab und fingen dann an, sich selbst mit den Klauen Hals und Kopf zu zerkratzen. Dann erhoben sie sich wieder und stürmten über Ithaka davon.

Der anwesende greise Vogelschauer Halitherses erkannte darin, dass den Brautwerbern großes Verderben drohe. Denn Odysseus sei noch am Leben und schon auf dem Weg nach Hause. Und der Tod wartete auf alle diese Männer.

Aber der Werber Eurymachos, Polybos' Sohn, machte sich über das Zeichen lustig und sagte: „Geh du nach Hause und verkünde deinen eigenen Kindern ihr Schicksal, alberner Greis! Uns wirst du nicht einwickeln. Viele Vögel fliegen unter den Strahlen der Sonne herum, aber nicht alle bedeuten etwas. Nichts ist so sicher, wie dass Odysseus in der Ferne starb!“

Im Übrigen bestanden die Heiratskandidaten weiter darauf, dass Telemachos’ Mutter selbst das Haus verlassen, zu ihrem Vater Ikarios ziehen und dort wählen solle.

Da redete Telemachos nicht länger auf sie ein. Er bat das Volk nur um ein schnell segelndes Schiff und zwanzig Ruderer, um in Pylos und Sparta nach dem verschollenen Vater zu fragen. Sollte er noch leben, so würde auch Telemachos noch ein weiteres Jahr abwarten. Sollte er aber tot sein, so solle ein anderer die Mutter zur Frau nehmen.

Da erhob sich Mentor, Odysseus’ Freund, dem der Held bei seiner Abreise nach Troja die Sorge für sein Haus und seine Familie anvertraut hatte.

Er wandte sich an die Brautwerber und rief zornig: „Kein Wunder, wenn ein König Recht und Gerechtigkeit vergisst, immer wütend ist und grausame Verbrechen begeht. Die Menschen verdienen es nicht anders! Wer in diesem Kreis denkt jetzt noch an den freundlichen, väterlichen Herrscher Odysseus? Diese Männer verprassen ungestraft sein Hab und Gut! Und nicht ihnen nehme ich es übel, die im Wahn handeln, als kehre Odysseus nicht zurück! Aber dem anderen Volk, das stumm dasitzt und zuschaut und mit keinem einzigen Wort versucht, die Verbrecher im Zaum zu halten, obwohl es ihnen an der Zahl der Männer überlegen ist!“

Aber Leiokritos, einer der frechsten Brautwerber, spottete über ihn und sprach: „Lass Odysseus ruhig kommen, du alter Schadenfroh. Wir wollen sehen, ob er mit uns fertigwird, wenn er uns beim Mahl überrascht! Und ihr könnt mir glauben: Sosehr sie sich nach ihm zu sehnen scheint, würde Penelope selbst sich über seine Ankunft am wenigsten freuen. Möge ihn das böse Schicksal vernichten! Nun lasst uns gehen, Männer! Sollen Mentor und der alte Vogelschauer Halitherses ruhig die Reise des jungen Telemachos beschleunigen. Aber was wollen wir wetten? Er wird noch nach Wochen hier unter uns sitzen und hier in Ithaka nach einer Botschaft seines Vaters Ausschau halten. Niemals wird er die Reise vollenden!“

Lärmend trennten sich die Brautwerber, und die ganze Volksversammlung tat es ihnen nach, ohne einen Beschluss gefasst zu haben. Jeder ging in sein Haus und die Brautwerber ließen sich wieder in Odysseus’ Palast nieder.

Telemachos bei Nestor

Telemachos ging hinab ans Meeresufer. Während er die Hände im Meerwasser wusch, rief er zu dem unbekannten Gott, der tags zuvor in Menschengestalt bei ihm in seiner Wohnung erschienen war.

Da näherte sich ihm Pallas Athene in der Gestalt und mit der Stimme des Mentor, seines Vaters Freund, und sprach: „Telemachos, wenn du in Zukunft nicht ängstlich und machtlos sein willst und wenn der Geist deines Vaters, des klugen Odysseus, dich nicht ganz verlassen hat, so hoffe ich, dass du bei deinem Entschluss bleibst. Ich bin der alte Freund deines Vaters, ich will dir ein schnelles Schiff besorgen und dich begleiten.“

Telemachos, der glaubte, dass Mentor zu ihm redete, lief entschlossen nach Hause.

Auf dem Weg begegnete er dem jungen Brautwerber Antinoos, der ihm lachend die Hand bot und sprach: „Du trotziger junger Mann, sei nicht länger zornig! Iss und trink lieber mit uns wie bisher! Lass die Bürger für deine Reise sorgen, und wenn sie ein Schiff und eine Mannschaft für dich vorbereitet haben, kannst du meinetwegen nach Pylos fahren!"

Aber Telemachos erwiderte: „Nein, Antinoos, ich kann nicht länger schweigend mit euch ausschweifend feiern. Ich bin kein Kind mehr. Ihr habt es von nun an mit einem mutigen Mann zu tun, ganz gleich, ob ich nach Pylos fahre oder auf unserer Insel bleibe. Aber ich will gehen und nichts wird mich aufhalten."

Mit diesen Worten ließ er den Brautwerber stehen und lief zur Vorratskammer seines Vaters. Hier lag haufenweise Gold und Erz, kostbare Kleidung ruhte in Truhen, und Krüge voll duftenden Öles sowie bis an den Rand gefüllte Weinfässer lehnten an der Mauer.

Telemachos traf hier die wachsame Dienerin Eurykleia, verriegelte hinter sich die Eingangstür und sprach zu Eurykleia: „Schnell, fülle mir zwölf Henkelkrüge mit Wein und verschließe ihre Deckel gut. Schütte mir auch zwanzig Maße fein gemahlenes Mehl in Schläuche und stelle alles zusammen bereit. Denn noch vor der Nacht, wenn meine Mutter schon in ihrem Schlafraum ist, komme ich und hole alles ab. Erst nach zwölf Tagen, oder wenn sie mich selbst vermisst, darfst du ihr sagen, dass ich fort bin, um den Vater zu suchen!"

Weinend versprach es ihm die gute Dienerin und tat, was er ihr befohlen hatte.

Inzwischen hatte Athene selbst Telemachos Gestalt angenommen, Gefährten für die Reise angeworben und von einem reichen Bürger, Noëmon, ein Schiff geliehen.

Dann betäubte sie die Brautwerber, sodass ihnen die Becher aus den Händen fielen und sie in einen tiefen Schlaf fielen.

Danach nahm sie wieder Mentors Gestalt an, ging zu Telemachos und forderte ihn auf, die Fahrt nicht länger zu verschieben.

Bald standen beide am Ufer, trafen dort die Gefährten, ließen den Proviant an Bord bringen und bestiegen schließlich selbst das Schiff.

Als sie schon in See gestochen waren und der Wind die Segel aufblies, brachten sie den Göttern ein Trankopfer dar und segelten bei günstigen Winden die ganze Nacht pfeilschnell dahin.

Bei Sonnenaufgang geriet Nestors Stadt Pylos in ihren Blick.

Dort opferte gerade das Volk, in neun Gruppen unterteilt, dem Meeresgott neun schwarze Stiere, verbrannte sie dem Gott zu Ehren und aß die Überreste.

Da legten die Männer aus Ithaka an. Athene führte Telemachos in Mentors Gestalt zu den Pyliern. Hier saß Nestor mit seinen Söhnen. Freunde bereiteten das Mahl, Diener steckten das Fleisch an Spieße und brieten es.

Als nun die Pylier Fremde ans Ufer steigen und auf sie zukommen sahen, liefen sie ihnen sofort in großer Zahl entgegen, boten ihnen die Hände zum Gruß und forderten Telemachos und seinen Begleiter auf, sich zu ihnen zu setzen. Besonders Nestors Sohn Peisistratos nahm sie bei den Händen, lud sie freundlich ein, am Mahl teilzunehmen, und wies ihnen am Strand auf weichen Vliesen den Ehrensitz zwischen seinem Vater Nestor und seinem Bruder Thrasymedes an.

Dann reichte er ihnen vom besten Fleisch, füllte zwei goldene Becher mit Wein, trank ihnen zu und sprach zu der verstellten Athene: „Bring Poseidon das Trankopfer und bete zu ihm, Fremder, und lass auch deinen jüngeren Freund dasselbe tun! Alle Sterblichen brauchen doch die Götter!"

Athene nahm den Becher, erbat vom Meeresgott den Segen für Nestor, seine Söhne und alle Pylier und betete darum, dass Telemachos seine Mission glücklich vollenden konnte. Dann schüttete sie etwas von dem Trank auf den Boden und wies ihren jungen Begleiter an, dasselbe zu tun.

Darauf begann das Mahl, und als Hunger und Durst gestillt waren, fing der greise Nestor eine freundliche Unterhaltung an. Er fragte nach der Herkunft und der Absicht der Fremden.

Telemachos beantwortete seine Fragen, und als er auf seinen Vater Odysseus zu reden kam, seufzte er: „Vergebens versuchten wir bisher herauszufinden, was mit ihm geschehen ist. Wir wissen nicht, ob er auf dem Festland durch die Hand von Feinden umkam oder ob ihn die Brandung des Meeres verschlungen hat. Darum bitte ich dich, mir von seinem traurigen Tod zu berichten, ob du nun Augenzeuge warst oder nur darüber reden hörtest. Verschone mich nicht aus Mitleid, sondern erzähle mir nur alles genau!"

„Mein lieber Junge", antwortete Nestor, „weil du an die traurige Zeit denkst, so höre, wie sich alles zugetragen hat."

Nestor holte dann nach Art der Alten weit aus, erzählte noch vom Tod der größten Helden vor Trojas Mauern, vom Kummer der beiden Atriden und schließlich von seiner eigenen Rückfahrt. Aber von Odysseus wusste er so wenig wie Telemachos selbst.

Dagegen schilderte er ihm weitläufig den Tod des Agamemnon zu Mykene und die Rache des Orestes. Endlich riet er ihm, nach Sparta zum Fürsten Menelaos zu gehen, der erst vor Kurzem von einer weit entfernten Küste, an die der Sturm ihn geschleudert hatte, zurückgekehrt sei. Da dieser am längsten aller Griechenhelden auf der Fahrt gewesen sei, sei es auch am wahrscheinlichsten, dass er irgendwo etwas von Odysseus' Schicksal gehört hatte.

Athene gefiel als Mentor der Vorschlag, und sie erwiderte: „Inzwischen ist es Abend geworden. Erlaube jetzt meinem jungen Freund, dich in deinen Palast zu begleiten und dort auszuruhen. Ich selbst will nach unserem Schiff sehen und dafür sorgen, dass meine Gefährten alles Nötige für die Weiterfahrt vorbereiten. Dort beim Schiff werde ich auch die Nacht verbringen. Morgen segle ich dann zum Volk der Kaukonen, die mir noch etwas schuldig sind. Für meinen Freund Telemachos werde ich dein freundliches Angebot annehmen. Schicke ihn also mit deinem Sohn auf einem Wagen mit deinen schnellsten Pferden nach Sparta."

So sprach Athene, und siehe da, plötzlich verwandelte sie sich in einen Adler und flog zum Himmel hinauf. Alle sahen ihr staunend nach.

Nestor nahm Telemachos Hand und sprach: „Du darfst nicht verzagen und nicht trostlos werden, mein Lieber, da schon in deiner Jugend Götter dich begleiten und beschützen! Denn dein Gefährte war niemand anderes als Zeus' Tochter Athene, die auch deinen tapferen Vater vor allen anderen Griechen immer besonders geehrt hat!"

Dann richtete Nestor ein Gebet an die Göttin, versprach ihr, ihr am nächsten Morgen ein einjähriges Rind zu opfern, und begleitete seinen Gast mit seinen Söhnen und Schwiegersöhnen zur Nachtruhe in den Königspalast in Pylos.

Hier wurde noch einmal ein Trankopfer dargebracht. Nach einem weiteren Umtrunk begab sich jeder zur Ruhe.

Telemachos erhielt sein Lager in einem zierlichen Bettgestell unter der hohen Halle des Hauses und neben ihm legte sich Nestors mutiger Sohn Peisistratos zur Ruhe.

Kaum schimmerte die Morgenröte in den Palast, erhob sich Nestor vom Lager und setzte sich auf die schönen weißen Marmorsteine, die als Sitze an den Flügeltoren des Palastes angebracht waren und wo schon sein Vater Neleus oft gesessen hatte. Um ihn versammelten sich seine sechs Söhne, und der letzte, Peisistratos, brachte auch den Gast aus Ithaka mit, der den König Nestor begrüßte, dann aber die Versammlung wieder verließ.

Nun wurde die Kuh herbeigeholt, die Nestor Athene als Opfer versprochen hatte. Der Goldschmied Laërkes wurde gerufen, der die Hörner des Rindes vergolden musste. Die Mägde im Palast bereiteten ein Festmahl vor, setzten Stühle, brachten Holz und frisches Wasser herbei. Telemachos' Freunde kamen vom Schiff herauf.

Nestors Söhne führten die Kuh an den vergoldeten Hörnern herbei, ein anderer trug das Wasserbecken und die Opfergerste. Der Vierte brachte die Axt, mit der das Opfer geschlachtet werden sollte. Ein Fünfter hielt die Schale hin, um das Blut des Tieres aufzufangen. Als das Opfertier mit der Axt getötet worden war, schlachtete es der sechste Sohn Peisistratos. Die besten Stücke wurden für die Göttin verbrannt und dunkler Wein daraufgeschüttet. Das übrige Fleisch wurde an Spieße gesteckt und gebraten.

Telemachos war bei dem Opfer nicht dabei gewesen. Er hatte sich entfernt, um sich bei einem warmen Bad von der Reise zu erholen. Jetzt trat er, mit einem schönen Gewand gekleidet und in einen prächtigen Mantel gehüllt, wieder zu den Versammelten. Man setzte sich hin, um zu essen und zu trinken.

Nach dem fröhlichen Mahl spannte man die schönsten Pferde vor den Wagen, der den jungen Gast nach Sparta bringen sollte. Die Dienerin legte Brot, Wein und andere Speisen hinein und Telemachos kletterte auf den Sitz. Neben ihm setzte sich Peisistratos in den Sessel, nahm die Zügel und schwang die Peitsche.

Die Pferde flogen dahin. Bald lag die Stadt Pylos hinter ihnen, und den ganzen Tag fuhren sie wie im Flug, ohne dass die Tiere eine Pause brauchten.

Als die Sonne unterging und die Wege schattiger wurden, kamen sie in die Stadt Pherai, wo ein edler Griechenheld namens Diokles, der Sohn des Orsilochos, wohnte. Dieser nahm die reisenden Fürstensöhne gastfreundlich auf und sie übernachteten in seiner Burg.

Am anderen Morgen fuhren sie weiter durch üppige Weizenfelder und endlich kamen sie mit dem letzten Sonnenlicht zu der großen, zwischen Bergen gelegenen Stadt Lakedaimon oder Sparta.

Telemachos in Sparta

Freunde und Nachbarn umgaben Fürst Menelaos im Palast von Sparta beim fröhlichen Mahl. Ein Sänger spielte im dichten Gedränge auf der Harfe. Zwei Gaukler machten lustige Sprünge im Kreis. Der Herrscher des Landes feierte nämlich die doppelte Verlobung zweier Kinder: der hübschen Hermione, Helenas Tochter, die damals Achilles' Sohn Neoptolemos als Braut bestimmt war, und eines Sohnes einer Nebenfrau, Megapenthes, den er mit einer edlen Spartanerin verlobte.

Mitten in diesem Getümmel hielten am Tor der Königsburg Telemachos und Peisistratos mit ihrem Wagen. Ein Krieger des Menelaos, der sie zuerst sah, meldete dem Fürsten die Ankunft der Fremden und fragte, ob die Pferde abgespannt oder die Fremden wegen der festlichen Feier im Haus zu einer Herberge geschickt werden sollten.

Menelaos antwortete ärgerlich: „Eteoneus, du warst doch sonst nie ein Narr. Heute aber redest du wie ein Kind! Wie viel Gastfreundschaft habe ich selbst bei anderen Menschen genossen. Und ich sollte warum auch immer Fremde wegschicken? Schnell die Pferde abgespannt und die Männer zum Mahl hereingeführt!"

Der Krieger verließ rasch mit vielen Dienern den Saal. Die Pferde wurden ausgespannt und vor reichlich Hafer an die Krippe im Stall gestellt. Auch der Wagen wurde untergestellt.

Die Gäste führte man in den herrlichen Palast und wusch ihnen bei einem erfrischenden Bad den Straßenstaub ab. Dann wurden sie zu König Menelaos gebracht. Sie nahmen an seiner Seite beim köstlichen Mahl Platz.

Telemachos bestaunte die Pracht des Palastes und der Bewirtung und flüsterte seinem Freund ins Ohr: „Sieh nur, Peisistratos, das glänzende Erz ringsumher, das Gold und Silber, das schimmernde Elfenbein! Welch unendlicher Schatz! Zeus' Palast auf dem Olymp kann nicht herrlicher sein! Mich erfüllt dieser Anblick mit Staunen!"

Menelaos hatte die letzten Worte gehört.

Lächelnd sagte er: „Mit Zeus sollte sich kein Sterblicher messen! Sein Palast und sein ganzer Besitz sind unvergänglich! Aber es ist wahr: Unter den Menschen wird wohl kaum einer mit meinem Reichtum wetteifern können, habe ich ihn doch nach vielen Leiden und Irrfahrten errungen und brauchte acht Jahre, bis ich wohlbehalten wieder in der Heimat ankam. Auf Zypern, in Phönizien, in Ägypten, Äthiopien, Libyen bin ich gewesen. Das ist ein Land, ihr Freunde! Dort kommen die Lämmer gleich mit Hörnern auf die Welt. Die Schafe werfen dreimal im Jahr und nie fehlt es dem Herrn und dem Hirten an Fleisch, Milch und Käse! Während ich in diesen Ländern viel kostbaren Besitz sammelte, hat mir in Mykene ein anderer meinen Bruder erschlagen, ein Mörder, durch die List seiner treulosen Frau. So kann ich bei all meinem Besitz doch nicht fröhlich herrschen! Aber das habt ihr wohl schon alles von euren Vätern gehört, wer sie auch sein mögen!

Ich wäre mit dem Drittel meines Reichtums zufrieden, wenn nur die Männer noch lebten, die vor Troja gefallen sind.

Und doch: Keinen von ihnen betrauere ich so sehr wie einen. Es raubt mir den Schlaf und den Appetit, wenn ich an ihn denke! Denn kein anderer Grieche hat so viel ertragen wie Odysseus! Und nun weiß ich nicht einmal, ob er lebt oder tot ist! Vielleicht trauern um ihn längst sein alter Vater Laërtes, seine Frau Penelope und sein junger Sohn Telemachos, der noch ein Säugling war, als er ihn verließ."

So sprach Menelaos, und ohne es zu wollen, machte er Telemachos das Herz so schwer, dass er anfing zu weinen.

Spartas König blieb dies nicht verborgen und er erkannte in dem jungen Mann Odysseus' Sohn.

Inzwischen war auch Fürstin Helena aus ihren Räumen hervorgekommen, schön wie eine Göttin. Anmutige Dienerinnen umringten sie: Die eine stellte ihr einen Sessel hin, eine andere breitete einen Teppich aus Wolle vor ihr aus. Die dritte brachte ihr einen silbernen Korb, das Gastgeschenk der Königin von Theben in Ägypten. Er war mit gesponnenem Garn gefüllt und die volle Spindel lag darüber.

So setzte sich die Königin auf den Sessel, stellte die Füße auf den Schemel und fragte ihren Mann neugierig nach Herkunft und Familie der neu angekommenen Männer: „Ich hab auf der Welt noch keinen Menschen gesehen, der dem edlen Odysseus so ähnlich war wie dieser junge Mann hier!"

So sprach sie leise zu ihrem Mann, der ihr antwortete: „Mir kommt es auch so vor. Füße, Hände, Augen, Haare: Sie gleichen sich in allem! Außerdem fing der Junge an zu weinen, als ich vorhin über Odysseus sprach."

Peisistratos, Telemachos Begleiter, hörte, was er sagte, und antwortete darauf laut: „Du hast recht, König Menelaos, er ist Odysseus' Sohn Telemachos. Er ist aber zu bescheiden, um es dir offen zu sagen. Mein Vater Nestor hat mich mit ihm zu dir geschickt, denn Telemachos hofft, von dir zu erfahren, wie es seinem Vater ergangen ist und ob er noch lebt."

„Ihr Götter", rief Menelaos aus, „so ist wirklich der Sohn meines besten Freundes mein Gast, des Mannes, dem ich selbst so gern alle Freundschaft erwiesen hätte, wenn er auf der Heimkehr zu mir gekommen wäre!"

Als nun der König weiter so sehnlich von seinem alten Freund redete, mussten alle weinen: Helena, Telemachos und Menelaos selbst, und auch Nestors Sohn weinte, denn er musste an seinen Bruder Antilochos denken, der vor Troja bei der Rettung seines Vaters gefallen war.

Endlich besannen sie sich, dass es nutzlos und nicht gesund sei, sich beim Abendessen in Kummer zu verlieren. Und nachdem die Diener ihnen die Hände mit Wasser besprengt hatten, wollten sie alle schlafen gehen.

Helena aber, die als Zeus' Tochter allerlei Zauberkünste beherrschte, warf ihnen vorher noch schnell ein Mittel in ihren Wein, das allen Kummer und die Erinnerung an alle Leiden aus der Seele vertrieb. Wenn jemand von dieser Mischung trank, musste er den ganzen Tag nicht weinen, selbst dann nicht, wenn ihm Vater und Mutter gestorben wären oder sein Sohn oder Bruder vor seinen Augen vom Schwert des Feindes durchbohrt wurde.

Und tatsächlich wurden sie alle fröhlich und unterhielten sich noch bis spät in die Nacht. Schließlich wurden den Gästen die Betten bereitet und auch Menelaos und Helena gingen schlafen.

Am nächsten Morgen fragte der Fürst seine Gäste, wohin sie als Nächstes reisen wollten, und erfuhr, was in Ithaka, im Haus seines Freundes Odysseus, los war.

Als er hörte, wie sich die Brautwerber dort aufführten, rief er entrüstet aus: „Diese Elenden, die es wagen, sich im Haus dieses gewaltigen Mannes breitzumachen! So wie ein Löwe, der von der Jagd zurückkommt und sieht, dass eine Hirschkuh ihm ihre Jungen in die Höhle gelegt hat, wird Odysseus kommen und ihnen ein entsetzliches Ende bereiten! Hört, was ich in Ägypten vom alten Meeresgott Proteus erfahren habe. [*Proteus, der sich verwandeln konnte, wurde auch „der Alte vom Meer“*

genannt. Er war Poseidon untergeordnet und hütete dessen Robben.] Nachdem er sich in mancherlei Gestalten verwandelt hatte, konnte ich ihn endlich fesseln und dazu zwingen, mir die Schicksale der heimkehrenden Griechenhelden zu verraten. Er sagte: ‚Ich sehe im Geist Odysseus, wie er auf einer einsamen Insel Tränen der Sehnsucht vergießt. Die Nymphe Kalypso hält ihn dort mit Gewalt zurück, und er hat weder Schiffe noch Ruderer, um in die Heimat zurückzukehren.‘ Nun weißt du alles, lieber Junge, was ich dir über deinen Vater berichten kann. Bleib doch noch elf oder zwölf Tage bei uns, dann will ich dich mit wertvollen Geschenken ziehen lassen.“

Telemachos bedankte sich, ließ sich aber nicht aufhalten. Da schenkte ihm Menelaos einen unvergleichlich schönen silbernen Mischkrug mit goldenem Rand, den der Künstler-Gott Hephaistos selbst angefertigt hatte. Dann wurde den Gästen zum Abschied ein köstliches Frühstück aus Ziegen und Schafen zubereitet.

Die Verschwörung der Brautwerber

Während dies in Pylos und Sparta geschah, machten sich auf der Insel Ithaka die Brautwerber jeden Tag in Odysseus' Palast ein fröhliches Leben. Sie vertrieben sich die Zeit mit Diskuswerfen, Speerschleudern und anderen Spielen.

Einmal, als während der Spiele Antinoos und Eurymachos, die vornehmsten und schönsten unter ihnen, abseitssaßen, trat Phronios' Sohn Noëmon zu ihnen und sagte: „Wann, glaubt ihr, wird Telemachos aus Pylos zurückkehren? Das Schiff, mit dem er unterwegs ist, habe ich ihm geliehen, und jetzt brauche ich es selbst, um damit nach Elis zu segeln. Ich will mir dort aus meinem Stutengarten ein Pferd holen, um es zu zähmen und abzurichten."

Die beiden anderen staunten. Sie hatten gar nichts von Telemachos' Abreise gewusst, sondern gemeint, er habe sich auf seinen Landsitz zurückgezogen, auf seine Ziegenweiden und zu seinen Schweineherden.

Sie glaubten, er habe Noëmons Schiff mit Gewalt genommen, und fuhren zornig auf.

Noëmon aber beruhigte sie und bestätigte: „Ich habe es ihm freiwillig gegeben. Wer hätte dies auch einem so bekümmerten Mann verweigern können? Das wäre gar zu hart gewesen! Außerdem begleiteten ihn die edelsten jungen Männer und dazu Mentor - oder war es vielleicht ein Gott, der dessen Gestalt angenommen hatte? Ich meine nämlich, Mentor noch gestern Morgen hier gesehen zu haben."

Darauf ging Noëmon zurück in das Haus seines Vaters.

Antinoos und Eurymachos aber waren bestürzt über diese unerwartete Nachricht. Sie liefen zu den anderen, die sich gerade von ihren Spielen ausruhten und miteinander im Kreis saßen.

Zornig trat Antinoos in ihre Mitte und sprach mit funkelnden Augen: „Telemachos ist tatsächlich auf die Reise gegangen. Das hätten wir nie und nimmer geglaubt. Möge Zeus ihn vernichten, bevor er uns Schaden zufügt! Wenn ihr mir einen Schnellsegler und zwanzig Ruderer beschafft, lauere ich ihm auf der Meeresstraße auf, die Ithaka von Same trennt, und dann soll seine Entdeckungsreise mit Schrecken enden!"

Seine Zuhörer applaudierten ihm und versprachen, ihm alles zu besorgen, was er brauchte. Dann brachen sie auf und zogen sich in den Palast zurück.

Aber ihre Versammlung war belauscht worden. Der Herold Medon, dem die Brautwerber längst zuwider waren, obwohl er ihnen dienen musste, hatte abseits, aber doch nah genug gestanden und jedes von Antinoos' Worten gehört. Er lief zu seiner Herrin Penelopes und erzählte ihr alles.

Der Fürstin schlug das Herz bis zum Hals, und die Knie zitterten ihr, als sie die böse Nachricht hörte. Lange blieb sie sprachlos, der Atem stockte ihr und ihre Augen füllten sich mit Tränen.

Schließlich sagte sie: „Warum musste mein Sohn aber auch auf diese Reise gehen? Ist es nicht genug, dass sein Vater untergegangen ist? Soll der Name unseres Hauses ganz von der Erde verschwinden?“

Und da Medon ihr darauf nicht antworten konnte, brach sie weinend zusammen und ihre Mägde schluchzten mit ihr.

„Warum ist er auch auf die Fahrt gegangen, ohne es mir zu sagen! Bestimmt hätte ich ihn auf bessere Gedanken gebracht! Ruft mir den alten Knecht Dolios. Er soll gehen und dies alles Laërtes melden! Vielleicht weiß der alte, erfahrene Mann Rat!“

Da sagte Eurykleia, die alte Dienerin: „Und wenn du mich tötest, Herrin, ich will es dir nicht verschweigen. Ich habe Bescheid gewusst. Ich gab ihm alles, was er brauchte. Aber ich musste ihm schwören, dir vor dem zwölften Tag oder ehe du ihn selbst vermisst, nichts von seiner Reise zu sagen. Jetzt aber rate ich dir, dich gebadet und geschmückt mit deinen Dienerinnen auf die Veranda zu begeben und Zeus' Tochter Athene um ihren göttlichen Schutz für deinen Sohn anzuflehen.“

Penelope gehorchte dem Rat ihrer alten Dienerin. Nach dem feierlichen Gebet legte sie sich ohne Essen und voller Kummer schlafen.

Da schickte ihr Athene im Traum das Bild ihrer Schwester Iphthime, der Frau des Helden Eumelos, die sie tröstete und ihr die Rückkehr ihres Sohnes ankündigte.

„Sei nur ganz ruhig“, sprach sie, „deinen Sohn begleitet eine Führerin, um die ihn andere Männer beneiden dürften. Pallas Athene selbst ist an seiner Seite. Sie wird ihn gegen die Brautwerber beschützen. Sie ist es auch, die mich zu dir geschickt hat.“

Darauf verschwand das Bild ihrer Schwester.

Penelope erwachte voll Freude und mit neuem Mut. Sie vertraute dem Wahrheit verkündenden Traum.

Inzwischen hatten die Brautwerber ungehindert ihr Schiff bereit gemacht und Antinoos hatte es mit zwanzig tapferen Ruderern bestiegen.

Mitten in der Meerenge, die die Inseln Ithaka und Same trennt, lag eine Felseninsel voller schroffer Klippen. Darauf steuerten sie zu und legten sich dort in den Hinterhalt auf die Lauer.

Odysseus nimmt Abschied von Kalypso und scheitert im Sturm

Zeus’ Bote Hermes schwang sich aus dem Himmel ins Meer, flog wie eine Möwe durch die Wellen und kam, wie in der

Götterversammlung beschlossen worden war, auf Kalypsos Insel Ogygia an.

Hier traf er die schöne Nymphe auch tatsächlich zu Hause an. Auf dem Herd loderte eine Flamme und der Rauch des gespaltenen, brennenden Zedernholzes schwebte würzig über die Insel. Kalypso aber sang mit klingender Stimme in ihrer Kammer und webte dazu mit einer goldenen Spule einen herrlichen Stoff. Die Grotte, in der sich ihre Kammern befanden, lag im Schatten eines grünen Waldes mit Erlen, Pappeln und Zypressen. Bunte Vögel nisteten darin und es gab Habichte, Eulen und Krähen. Auch ein Weinstock breitete sich über das Felsengewölbe aus, voll mit reifen Trauben, die aus dichtem Laub hervorblickten. Vier Quellen entsprangen in der Nähe und ihre Flüsschen schlängelten sich nebeneinander dahin und dorthin. Von ihnen bewässert, grünten saftige Wiesen, durchsät mit Veilchen, Eppich und anderen Kräutern und Blumen.

Der Götterbote bewunderte die herrliche Lage der Nymphenwohnung. Dann ging er in die Grotte hinein.

Kalypso sah ihn näher kommen und erkannte ihn auch schnell, denn so weit sie auch voneinander entfernt wohnen, so kennen sich die ewigen Götter doch.

Odysseus fand Hermes jedoch nicht zu Hause. Er saß wie immer jammernd am Ufer und schaute mit Tränen in den Augen sehnsüchtig aufs Meer hinaus.

Als Kalypso die Botschaft des Gottes vernahm, den sie voll Herzlichkeit empfangen hatte, stutzte sie und sprach endlich: „Oh ihr grausamen, eifersüchtigen Götter! Duldet ihr es denn gar nicht, dass eine Unsterbliche sich einen Sterblichen zum lieben Mann erwählt? Verübelt ihr mir den Umgang mit dem Mann, dem ich das Leben gerettet habe, als er an meine Küste geschleudert wurde? Alle seine tapferen Freunde waren im Meer versunken. Sein Schiff hatte der Blitz getroffen. Einsam schwamm er auf den Trümmern umher. Ich empfing den armen Schiffbrüchigen freundlich, stärkte ihn mit Nahrung, ja, ich versprach ihm zuletzt, ihm Unsterblichkeit und ewige Jugend zu verleihen. Aber weil ich gegen Zeus' Beschluss nichts ausrichten kann, so soll er denn wieder hinausfahren auf das unendliche Meer. Nur mutet mir nicht zu, dass ich ihn selbst fortschicke. Ich habe weder Männer noch Ruder für meine Schiffe! Doch soll es ihm an meinem guten Rat nicht fehlen, damit er unversehrt das Ufer seines Heimatlandes erreicht."

Hermes war mit dieser Antwort zufrieden und eilte wieder zum Olymp.

Kalypso ging selbst an den Strand, wo der trauernde Odysseus saß, trat nah an ihn heran und sprach: „Armer Freund, dein Leben darf dir nicht weiter in Schwermut dahinschwinden. Ich entlasse dich. Nun los, mächtige Balken gehauen, mit Erz zum Floß zusammengefügt und mit hohen Brettern befestigt! Deinen Proviant, Wasser, Wein und Essen, lege ich dir selbst hinein. Ich versorge dich mit Kleidung und schicke günstigen Wind vom Land. Mögen dich die Götter glücklich in die Heimat führen!"

Misstrauisch sah Odysseus die Göttin an und sprach: „Bestimmt hast du etwas ganz anderes im Sinn, schöne Nymphe!

Niemals besteige ich ein Floß, wenn du mir nicht den großen Göttereid schwörst, dass du dir nicht irgendein Übel zu meinem Schaden ausgedacht hast!“

Aber Kalypso lächelte, streichelte ihn sanft und antwortete: „Nur keine Angst! Die Erde, der Himmel und der Styx sollen meine Zeugen sein, dass ich nichts Böses mit dir vorhabe. Ich rate dir das, was ich mir selbst in der Not ausdenken würde.“

Mit diesen Worten ging sie voran, Odysseus folgte ihr, und in der Grotte nahm sie noch den zärtlichsten Abschied von ihm.

Bald war das Floß gezimmert und am fünften Tag segelte das Schiff im Wind. Odysseus saß am Ruder und steuerte erfahren durch die Wellen. Keine Müdigkeit überfiel ihn; er schaute unablässig nach den Sternen und richtete sich nach den Zeichen, die ihm Kalypso beim Abschied angegeben hatte.

So segelte er siebzehn Tage übers Meer. Am achtzehnten Tag erschienen ihm endlich die dunklen Gebirge des Landes der Phäaken, das sich ihm entgegenstreckte und trübe dalag wie ein Schild im finsteren Meer.

Da geschah es, dass Poseidon ihn bemerkte, der gerade von den Äthiopen zurückkam und über die Berge der Solymer lief. [*Poseidon kam wahrscheinlich nicht aus Äthiopien, sondern aus Ägypten. Die Solymer waren ein streitbares Volk, das im Gebiet der heutigen südlichen Türkei lebte.*] Er hatte an der letzten Ratsversammlung der Götter nicht teilgenommen und merkte jetzt, dass diese seine Abwesenheit genutzt hatten, um Odysseus aus der Schlinge zu ziehen.

„Nun gut“, so sprach er zu sich selbst. „Er soll trotzdem noch genug Leid erfahren!“

Dann versammelte er die Wolken, wiegelte das Meer mit dem Dreizack auf und rief die Orkane zum Kampf miteinander herbei, sodass Meer und Erde ganz in Finsternis gehüllt wurden.

Alle Winde pfiffen um das Floß des Odysseus herum, sodass ihm Herz und Knie zitterten und er zu jammern anfing, er wäre doch lieber durch die Speere der Trojaner gestorben.

Während er noch so seufzte, rauschte eine Welle von oben herab, und das Floß geriet in einen Wirbel. Odysseus wurde heruntergeschleudert. Er verlor das Ruder aus der Hand, das Floß zerbrach in Stücke. Der Mastbaum und die Segelstangen trieben da und dort über das tobende Meer. Odysseus aber war in die Brandung untergetaucht und seine nassen Kleider zogen ihn immer tiefer hinab. Endlich kam er wieder herauf, spuckte das Salzwasser, das er geschluckt hatte, aus und schwamm den Trümmern des Floßes nach, deren größtes Stück er mit viel Glück auch schließlich erreichte und sich mitten darauf niederließ.

Als er nun so auf dem zerrissenen Floß dahintrieb wie eine Distel im Wind, da entdeckte ihn die Meeresgöttin Leukothea, und sie hatte Mitleid mit ihm.

Wie ein Wasserhuhn flog sie aus dem Strudel empor, setzte sich zu ihm auf den Balken, auf dem er trieb, und sprach zu ihm: „Lass dir raten, Odysseus! Zieh deine Kleidung aus und überlass das Floß dem Sturm. Binde dir schnell meinen Schleier unter der Brust fest – und dann schwimm und achte nicht auf die Schrecken des Meeres!“

Odysseus nahm den Schleier. Die Göttin verschwand, und obwohl er der Erscheinung misstraute, gehorchte er doch ihrem Rat.

Während Poseidon ihm die wildeste Welle schickte, sodass das Bruchstück des Floßes ganz auseinanderging, setzte Odysseus sich wie ein Reiter auf einen einzelnen Balken, zog das lange, hinderliche Gewand, das Kalypso ihm geschenkt hatte, aus und sprang mit dem Schleier als Gürtel in die Flut.

Poseidon schüttelte ernst den Kopf, als er ihn so entschlossen ins Meer springen sah, und sprach: „So irre denn durch die Fluten, von Leid gepeinigt! Sei dir sicher, du sollst noch mehr als genug vom Elend kosten!“

Mit diesen Worten verließ der Gott die See und zog sich zu seinem Palast zurück.

Odysseus trieb noch zwei Tage und Nächte auf dem Meer umher.

Da erblickte er endlich ein waldiges Ufer, wo die Brandung an die Klippen donnerte. Und eine hohe Welle trug ihn, ehe er noch einen Entschluss fassen konnte, von selbst dem Ufer entgegen. Mit beiden Händen umfasste er einen Felsen, aber eine Welle kam und schleuderte ihn wieder ins Meer zurück.

Er suchte sein Heil aufs Neue im Schwimmen und fand endlich ein bequemes, seichtes Ufer und eine sichere Bucht, wo ein kleiner Fluss sich ins Meer ergoss. Hier flehte er zum Gott dieses Flusses, der ihn erhörte, das Wasser besänftigte und es ihm so möglich machte, an Land zu schwimmen. Keuchend und um Atem ringend, sank er auf den Boden. Aus Mund und Nase strömte ihm das Meerwasser, und erstarrt von der fürchterlichen Anstrengung, wurde er ohnmächtig.

Als er wieder zu atmen anfing und das Bewusstsein wiederkehrte, löste er dankbar den Schleier der Göttin Leukothea und warf ihn ins Meer zurück, damit sie ihn sich zurückholen konnte. Dann warf er sich ins Ufergras und küsste die wiedergewonnene Erde.

Den nackten Mann fror und die Nachtluft wehte schneidend von Osten her. Er beschloss, den Hügel hinaufzusteigen und sich im nahen Wald zu verstecken. Hier fand er einen ruhigen Platz unter zwei verschlungenen Olivenbäumen, einem wilden und einem angepflanzten, die so dicht belaubt waren, dass kein Wind, kein Regen und kein Sonnenstrahl sie je durchdrang. Dort häufte Odysseus gefallenes Laub auf und bereitete sich daraus ein Lager, legte sich mitten hinein und deckte sich wieder mit Blättern zu. Bald fiel er in einen erholsamen Schlaf, der ihn alles überstandene und bevorstehende Leid vergessen ließ.

Nausikaa

Während Odysseus, von Anstrengung überwältigt, im Wald lag und schlief, kümmerte sich seine Beschützerin Athene liebevoll um ihn. Sie eilte zu ihm hinunter ins Gebiet der Phäaken, auf dem er angekommen war. Die Phäaken bewohnten die Insel Scheria. In der Stadt, die sie errichtet hatten, herrschte ein weiser König namens Alkinoos. In dessen Palast ging die Göttin hinab, und zwar ins Schlafzimmer Nausikaas, der jungen Tochter des Königs. Sie glich an Schönheit und Anmut einer unsterblichen Göttin.

Nausikaa schlief in einer großen, hellen Kammer, bewacht von zwei Mägden, deren Betten vor ihrer Tür standen.

Sachte wie ein Lüftchen näherte sich Athene dem Lager

der jungen Frau, trat zu ihr in der Gestalt einer Freundin und sprach zu ihr im Traum: „Du faules Mädchen, wie wird deine Mutter schimpfen! Du hast dich noch gar nicht um deine schönen Kleider gekümmert, die ungewaschen im Schrank liegen! Was willst du denn machen, wenn einmal deine Hochzeit bevorsteht und du etwas Schönes für dich selbst brauchst und für die jungen Männer, die deine Brautführer sein werden? Wie soll es dann werden? Schöne Kleider sind eine Empfehlung für jeden und auch deine lieben Eltern haben an nichts eine größere Freude! Nun los, steh mit der Morgensonne auf, um sie zu waschen. Ich will dich begleiten und dir helfen, damit du schneller fertig wirst. Du bleibst doch nicht mehr lange unverheiratet. Die Edelsten des Volkes werben doch schon lange um die schöne Königstochter!"

Als der Traum vorbei war, erhob sich das Mädchen und suchte die Eltern in ihrer Kammer auf. Diese waren bereits aufgestanden. Die Mutter saß am Herd mit einigen Dienerinnen und spann purpurrote Seide, der König aber begegnete ihr vor der Tür. Er hatte schon einen Rat der angesehensten Phäaken einberufen und war auf dem Weg dorthin.

Da nahm ihn die ihm entgegenkommende Tochter bei der Hand und sprach schmeichelnd: „Lieber Vater, willst du mir nicht einen Lastenwagen anspannen lassen, damit ich meine kostbaren Kleider zur Wäsche zum Fluss fahren kann? Sie liegen so schmutzig umher. Auch für dich gehört es sich, in reinen Kleidern im Rat zu sitzen. Und auch deine fünf Söhne, von denen drei noch unverheiratet sind, wollen stets in frisch gewaschener Kleidung herumlaufen und fein herausgeputzt beim Tanz erscheinen. Und am Ende liegt doch alles auf mir!“

So sprach die junge Frau, aber dass sie an die eigene Hochzeit dabei dachte, wollte sie weder sich selbst noch dem Vater eingestehen.

Dieser aber merkte es doch und sprach: „Geh, mein Kind, einen geräumigen Korbwagen und Maultiere sollst du wohl haben. Lass die Knechte nur anspannen!“

Nun trug die junge Frau die feinen Kleider aus ihrer Kammer und belud den Wagen. Die Mutter fügte Wein, Brot und Gemüse hinzu, und als sich Nausikaa in den Wagensitz geschwungen hatte, gab sie ihr noch die Ölflasche mit, damit sie und ihre jungen Dienerinnen im Fluss baden und sich salben konnten.

Nausikaa war eine geschickte Wagenlenkerin. Sie ergriff selbst Zügel und Peitsche und lenkte die Tiere mit den Dienerinnen zum beschaulichen Ufer des Flusses. Hier lösten sie das Gespann, ließen die Maultiere im üppigen Gras weiden und trugen die Kleider zu den großen Behältern am Waschplatz, die zu diesem Zweck gegraben waren.

Dann stampften die fleißigen Mädchen die Wäsche mit den Füßen, wuschen und walkten sie und breiteten sie schließlich ordentlich am Ufer aus, wo rein gespülte Kiesel eine Steinbank bildeten. [*Walken bedeutet so viel wie kneten und wringen.*]

Dann erfrischten sich die Mädchen selbst im Wasser, und nachdem sie sich mit duftigem Öl gesalbt hatten, aßen sie fröhlich das mitgebrachte Mahl am grünen Ufer und warteten, bis ihre Wäsche in der Sonne getrocknet war.

Nach dem Frühstück vertrieben sich die jungen Frauen die Zeit mit Tanz und Ballspiel auf der Wiese, nachdem sie ihre Schleier und was von ihren Kleidern sie sonst noch behinderte, abgelegt hatten.

Die schöne Nausikaa stimmte als Erste den Gesang dazu an. Die anderen Mädchen stimmten ein und sie waren alle sehr fröhlich.

Als nun die Königstochter einmal den Ball einer Freundin zuwarf, lenkte ihn die unsichtbar anwesende Göttin Athene so, dass er in den Flussstrudel fallen musste und das Mädchen verfehlte. Darüber kreischten die Spielerinnen alle auf, und Odysseus, dessen Lager in der Nähe unter den Olivenbäumen war, erwachte.

Er lauschte, richtete sich auf und sprach zu sich selbst: „Zu welchen Menschen bin ich gekommen? Bin ich unter wilde Räuberhorden geraten? Doch mir scheint, ich höre lustige Mädchenstimmen wie von Berg- oder Quellnymphen! Da bin ich doch wohl bei anständigen Menschenkindern!“

So sprach er zu sich, und indem er einen dicht belaubten Zweig abbrach und sein Blöße damit bedeckte, tauchte er in seiner Not aus dem Dickicht hervor und erschien wie ein wilder Berglöwe unter den zarten Mädchen. Er war noch ganz bedeckt von Meeresschlamm. Die Mädchen meinten, ein Seeungeheuer zu sehen, liefen auseinander und flüchteten sich verstreut auf die waldigen Anhöhen des Ufers.

Nur die Tochter des Alkinoos blieb stehen. Athene hatte ihr Mut ins Herz gegeben und so stand sie und sah dem Fremden entgegen.

Odysseus überlegte, ob er vor ihr auf die Knie fallen oder

sie aus angemessener Entfernung anflehen sollte, ihm ein Kleid zu schenken und den Weg zu einer menschlichen Siedlung zu zeigen.

Er hielt Letzteres für schicklicher und rief ihr daher von Weitem zu: „Ob du eine Göttin bist oder eine junge Frau: Ich nähere mich dir, um Schutz von dir zu erflehen! Bist du eine Göttin, so achte ich deine Schönheit wie die von Artemis; bist du eine Sterbliche, so preise ich deine Eltern und deine Brüder selig! Das Herz muss ihnen im Leib hüpfen über deine Schönheit! Und wie glücklich muss der sein, der dich als Braut nach Hause führt! Mich aber sieh gnädig, denn ich bin in unaussprechliches Unglück gestürzt. Gestern waren es zwanzig Tage, dass ich von der Insel Ogygia abgefahren bin. Ich bin in einen Sturm geraten, trieb auf dem Meer und wurde endlich als Schiffbrüchiger an diese Küste geschleudert, die ich nicht kenne und wo mich niemand kennt. Hab Mitleid mit mir, gib mir etwas, womit ich mich bedecken kann, und zeige mir den Weg in die Stadt, in der du wohnst. Mögen dir die Götter dafür geben, was dein Herz begehrt, einen Ehemann, ein Haus und Frieden und Harmonie dazu!“

Darauf erwiderte Nausikaa: „Fremder, du scheinst kein schlechter Mann zu sein. Da du dich an mich und mein Land gewendet hast, soll es dir weder an Kleidung noch an sonst etwas fehlen, was jeder, der um Schutz bittet, erwarten kann. Ich will dir auch die Stadt zeigen und den Namen unseres Volkes nennen. Phäaken sind es, die diese Felder und dieses Reich bewohnen. Ich selbst bin König Alkinoos' Tochter.“

So sprach sie und rief ihre Dienerinnen. Sie beruhigte sie wegen des Fremden und redete ihnen Mut zu. Die Mägde aber ermunterten sich gegenseitig, näher zu kommen. Endlich gehorchten sie der Fürstin, und nachdem sich Odysseus an einem versteckten Ort des Ufers gebadet hatte, legten sie ihm Kleidung ins Gebüsch.

Als Odysseus sich gewaschen und gesalbt hatte, zog er die Kleider an, die ihm die Fürstentochter geschenkt hatte und die ihm gut passten. Außerdem sorgte seine Beschützerin Athene dafür, dass er schöner aussah: Sie ließ ihm prächtig gelocktes Haar wachsen und ihn anmutig erscheinen. So in Schönheit strahlend, trat er aus dem Gebüsch und setzte sich abseits der jungen Frauen nieder.

Nausikaa bestaunte Odysseus' herrliche Gestalt und sagte zu ihren Begleiterinnen: „Dieser Mann hat sicher nicht alle Götter gegen sich. Einer von ihnen muss auf seiner Seite sein und hat ihn jetzt in das Land der Phäaken gebracht. Wie unansehnlich erschien er anfangs, als wir ihn zuerst sahen, und jetzt gleicht er den Bewohnern des Himmels selbst! Wohnte doch ein solcher Mann in unserem Volk und hätte das Schicksal ihn mir zum Mann bestimmt! Aber auf, ihr Mädchen, stärkt den Fremden mit Trank und Speise!"

Dies geschah. Odysseus aß und trank und stärkte sich an der lang entbehrten Nahrung.

Hierauf wurde der Wagen mit der gewaschenen und getrockneten Kleidung beladen, die Maultiere wurden vorgespannt und Nausikaa nahm auf dem Wagensitz Platz. Den Fremden aber ließ sie zu Fuß mit den Dienerinnen hinter dem Wagen folgen.

„Du kannst hinter dem Wagen hergehen", sprach sie

freundlich zu ihm, „solange es durch Wiesen und Felder geht. Bald aber wirst du die Stadt sehen. Eine hohe Mauer umschließt sie, ihre beiden Seiten - denn sie liegt am Meer - schließt ein Hafen mit schmalem Zugang ein. Dort sind auch ihr Marktplatz und ein herrlicher Tempel des Meeresgottes Poseidon, wo Seile, Segeltücher, Ruder und andere Schiffsgeräte hergestellt und verkauft werden. Denn mit Pfeil und Bogen haben unsere Phäaken nicht viel zu tun, aber tüchtige Seeleute, das sind sie! Wenn wir nun in der Nähe der Stadt sind, dann, guter Fremder, vermeide ich gern das Geschwätz der Leute, denn dieses Volk ist übermütig. Da könnte wohl ein Bauer, der uns begegnet, sagen: ‚Was folgt doch der Nausikaa für ein schöner, großer Fremder? Wo fand sie den wohl? Er wird sicher ihr Ehemann!' Da fühlte ich mich übel bloßgestellt. Mir gefiele es ja auch nicht, wenn eine meiner Freundinnen sich ohne Wissen der Eltern mit einem Fremden einließe vor der öffentlichen Hochzeit. Darum, wenn du an ein Pappelwäldchen kommst, das der Athene heilig ist und aus dem eine Quelle entspringt, die sich durch die Wiese schlängelt, kaum einen Heroldsruf von der Stadt entfernt, bleibe dort ein wenig und warte. Nur so lange, bis du annehmen kannst, dass wir in der Stadt angekommen sind. Dann folge uns. Du wirst den herrlichen Palast meines Vaters erkennen. Dort falle bittend vor meiner Mutter nieder, denn wenn sie dir wohlgesonnen ist, so darfst du sicher sein, deine Heimat wiederzusehen!"

So sprach Nausikaa und fuhr mit dem Wagen los, doch so langsam, dass die Mägde und Odysseus folgen konnten. An Athenes Wäldchen blieb dann der Held zurück und betete zu Athene, seiner Beschützerin. Athene hörte ihn auch, nur fürchtete sie die Nähe ihres Bruders Poseidon und erschien ihm deswegen nicht öffentlich in dem fremden Land.

Odysseus bei den Phäaken

Nausikaa war schon im Palast ihres Vaters angekommen, als Odysseus das heilige Wäldchen verließ und ebenfalls den Weg zur Stadt einschlug.

Athene half ihm auch jetzt. Damit kein Phäake dem wehrlosen Wanderer Übles antun konnte, verbreitete sie, für ihn selbst unbemerkt, rings um ihn her Nacht. Und ganz nah vor den Toren begegnete sie ihm in der Gestalt eines jungen Phäakenmädchens mit einem Wasserkrug in der Hand.

„Liebes Mädchen", sprach Odysseus sie an, „willst du mir nicht den Weg zu König Alkinoos zeigen? Ich bin ein verirrter Fremder, komme aus einem fernen Land und kenne hier niemanden."

„Sehr gern, guter Mann", sagte die Göttin in Mädchengestalt. „Mein Vater wohnt ganz dort in der Nähe. Aber geh nur ganz ruhig neben mir her. Die Leute sind hier den Fremden nicht sonderlich gewogen. Das raue Leben auf See macht sie verschlossen."

Mit diesen Worten ging Athene schnell voran, und Odysseus folgte, aber kein Phäake bemerkte ihn. Gemächlich konnte er den Hafen, die Schiffe, die Türme und Mauern der Stadt bestaunen.

Endlich sprach Athene: „Dies ist Alkinoos' Haus. Geh nur ruhig hinein. Dem mutigen Mann gelingt alles! Doch eins lass mich dir sagen: Suche vor allen Dingen die Königin auf. Sie heißt Arete und ist die Nichte ihres eigenen Mannes. Der vorige König nämlich, Nausithoos, ein Sohn Poseidons und der Periböa – sie war die Tochter des Gigantenherrschers Eurymedon –, hinterließ zwei Söhne: unseren König Alkinoos und einen anderen, Rhexenor. Der zweite Sohn lebte nicht lange und hinterließ eine einzige Tochter: unsere Königin

Arete. Alkinoos verehrt sie, wie sonst keine Frau auf der ganzen Erde verehrt werden kann. Und genauso verehrt sie auch das ganze Volk, denn sie ist sehr klug und kann selbst einen Streit unter Männern mit ihrer Weisheit entscheiden. Wenn du sie gewinnen kannst, musst du dir keine Sorgen machen."

Mit diesen Worten eilte die verkleidete Göttin davon.

Odysseus stand eine Weile still da, versunken in die Betrachtung des herrlichen Palastes. Das große Haus strahlte wie die Sonne. Nach beiden Seiten erstreckten sich Wände aus solidem Erz, mit Simsen aus bläulichem Stahl. [*Ein (Ge-)Sims ist ein waagerechter verzierender Vorsprung auf einer Mauer, heute noch am geläufigsten im Wort „Fenstersims" für Fensterbank.*] Die innere Wohnung verschloss eine goldene Tür. Die Pfosten standen auf einem eisernen Fundament. Sie waren aus Silber mit einem goldenen Kranz. Der Ring an der Tür war aus Gold. Goldene und silberne Hunde, die Hephaistos geschmiedet hatte, standen wie Wächter rechts und links der Tür.

Als Odysseus den Innenhof betrat, sah er sich umgeben von Sesseln, die mit fein gewebten Teppichen bedeckt waren und auf denen die Fürsten der Phäaken saßen, wenn sie vom König zum Essen eingeladen waren. Denn dieses Volk liebte es, gut zu essen und zu trinken.

Auf hohen Gestellen standen goldene Bildsäulen, die junge Männer darstellten. Sie hielten brennende Fackeln in den ausgestreckten Händen, die beim nächtlichen Mahl den Gästen leuchteten.

Fünfzig Dienerinnen gab es im Palast des Königs. Die einen mahlten auf der Handmühle Getreide, die anderen woben, noch andere wirbelten sitzend die Spindel [*Das heißt, sie sponnen Garn.*]. Die Frauen dieses Volkes sind so gute Weberinnen, wie die Männer Schiffsleute sind.

Außerhalb des Hofes breitete sich ein Garten aus, eine Hufe im Quadrat [= *ungefähr so groß wie ein Fußballfeld*], von einer Ringmauer umgeben und mit Bäumen voll der saftigsten Birnen, Feigen und Granatäpfel, Oliven und Äpfel bepflanzt. Diese trugen im Sommer und im Winter, denn immer wehte ein warmer Westwind in diesem Land, sodass zur selben Zeit die einen Bäume blühten und die anderen reife Früchte trugen.

Daneben erstreckte sich eine Fläche mit Weinreben, wo einige Trauben in der Sonne reiften, andere schon von den Winzern geerntet wurden, wieder andere Reben gerade erst blühten und noch andere Trauben sich allmählich färbten.

Am anderen Ende des Gartens dehnten sich schön geordnete Beete voll duftender Blumen.

Außerdem entsprangen auf dem Grundstück zwei Quellen. Aus der einen durchschlängelte ein Flüsschen den Garten, die andere quoll direkt aus dem Hof des Palastes, und aus ihr schöpften die Menschen ihr Wasser.

Nachdem Odysseus all die Herrlichkeiten eine gute Weile bewundert hatte, betrat er den Palast und eilte zum Saal des Königs. Hier waren die vornehmen Phäaken zu einem Mahl versammelt. Weil aber der Tag sich neigte, wollten sie sich langsam schlafen legen und spendeten gerade zum Abschluss des Mahles dem Hermes ein Trankopfer.

Odysseus ging, noch in Nebel gehüllt, durch ihre Reihen, bis er beim Königspaar angekommen war. Da zerfloss auf Athenes Wink das Dunkel, das ihn umgeben hatte.

Er warf sich um Schutz flehend vor Königin Arete nieder und rief: „Oh Arete, Rhexenors edle Tochter, flehend liege ich vor dir und deinem Mann! Mögen die Götter euch Heil und Leben schenken, wenn ihr mir, dem Verirrten, die Rückkehr in die Heimat ermöglicht! Denn fern von den Meinen streife ich schon lange in der Verbannung umher."

So sprach er und setzte sich am Herd in die Asche nieder, neben dem brennenden Feuer.

Die Phäaken schwiegen alle und staunten über den unerwarteten Anblick, bis endlich der älteste unter den Gästen, der graue, welterfahrene Echeneos, das Schweigen brach und zum König gerichtet sagte: „Wahrlich, Alkinoos, es gehört sich nicht, dass irgendwo auf der Erde ein Fremder in der Asche sitzt. Bestimmt sind deine anderen Gäste mit mir einer Meinung und erwarten nur deinen Befehl. Erhebe darum den Fremden aus dem Staub und lass ihn neben uns auf einem Sessel sitzen! Die Herolde sollen neuen Wein mischen, damit wir Zeus, dem Beschützer des Gastrechts, auch noch ein Trankopfer bringen. Und die Dienerin soll den neuen Gast mit Speise und Trank bewirten!"

Diese Worte gefielen dem guten König. Er nahm Odysseus selbst an die Hand, half ihm auf und führte ihn zu einem Sessel an seiner eigenen Seite, indem der Liebling des Königs, sein Sohn Laodamas, ihm Platz machen musste. Auch sonst geschah alles, wie Echeneos geraten hatte, und Odysseus aß und trank geehrt in der Mitte der Gäste.

Als das Opfer Zeus dargebracht war, löste sich die Versammlung auf, und der König lud alle Gäste zum gleichen Freudenmahl am nächsten Tag ein. Dem Fremdling aber, ohne auch nur nach seinem Namen, seiner Herkunft und Familie zu fragen, versprach er, ihn gastfreundlich zu beherbergen und danach sicher in die Heimat zu schicken.

Als er jedoch Odysseus, den Athene noch immer mit einem Schimmer überirdischer Hoheit umgeben hatte, näher betrachtete, da setzte er noch hinzu: „Solltest du aber einer der Unsterblichen sein, die ja manchmal in sichtbarer Gestalt die Menschen bei ihren Festen besuchen, dann brauchst du unsere Hilfe nicht, und es ist an uns, dich um deinen Schutz zu bitten."

Odysseus waren diese Worte des Königs peinlich und er antwortete: „Denke doch so was nicht. Ich gleiche doch nicht den unsterblichen Göttern, sondern bin ein Sterblicher wie ihr alle. Ja, wenn ihr einen Menschen kennt, den ihr für den unglücklichsten haltet, so nehme ich es mit seiner Trauer auf! Und so dachte ich denn auch jetzt an nichts anderes, als meinen Hunger an eurem Tisch zu stillen. Und auch daran konntet ihr wohl erkennen, dass ich ein armer, sterblicher Mensch bin."

Als die Gäste den Saal verlassen hatten und das Königspaar allein mit dem Fremden im Saal zurückgeblieben war, betrachtete Arete die schön gewebte Kleidung des Mannes und erkannte darin ihr Eigentum.

Sie sprach: „Zuerst muss ich dich aber fragen, Fremder, woher du kommst und wer du bist und wer dir diese Kleidung gegeben hat. Sagtest du nicht, dass du, auf dem Meer umherirrend, hierhergekommen seist?"

Odysseus antwortete hierauf mit der wahren Schilderung seiner Abenteuer auf Ogygia bei Kalypso und seiner traurigen letzten Fahrt. Er verschwieg auch nicht die Begegnung mit Nausikaa und lobte ihre Selbstlosigkeit.

„Nun, da hat meine Tochter schon richtig gehandelt", lächelte Alkinoos, als die Erzählung zu Ende war, „aber eine Pflicht hat sie doch vergessen, nämlich dich sofort selbst in unser Haus zu bringen!"

„Tadele deine wunderbare Tochter nicht deswegen, König", antwortete Odysseus. „Sie wollte so handeln, wie du sagst, aber ich selbst weigerte mich. Denn ich fürchtete, du könntest darüber verärgert sein. Wir Menschen sind alle so misstrauisch!"

„Nun, ich neige nicht ohne Grund zum Jähzorn", erwiderte der König, „und es ist gut, wenn alles seine Ordnung hat. Aber wenn doch die Götter es fügen wollten, dass ein Mann wie du meine Tochter zur Frau haben wollte, wie gern würde ich dir mein Haus und meinen Besitz überlassen, wenn du bei uns bliebst! Doch ich will niemanden dazu zwingen. Und morgen noch sollst du freies Geleit von mir bekommen. Ich gebe dir Schiff und Ruderer, damit du segeln kannst, wohin du willst, und wäre deine Heimat auch so weit entfernt wie die weiteste Insel, mit der wir Handel treiben!"

Odysseus dankte ihm von Herzen für dieses Versprechen, verabschiedete sich von seinen königlichen Wirten und erholte sich auf seinem weichen Lager von allen erlittenen Mühseligkeiten.

Früh am nächsten Morgen rief König Alkinoos das Volk zu einer Versammlung auf dem Marktplatz der Stadt. Sein Gast musste ihn dorthin begleiten und die beiden setzten sich nebeneinander auf zwei schön behauene Steine.

Die Göttin Athene lief, in einen Herold verwandelt, durch die Straßen der Stadt und trieb die Häupter des Volkes dazu an, an der Versammlung teilzunehmen.

Schließlich füllten sich die Gänge und Sitze des Marktes. Alle schauten mit Bewunderung auf den Sohn des Laërtes, dem seine Beschützerin Athene immer noch eine überirdische Schönheit verliehen hatte.

Dann legte der König in einer feierlichen Rede dem Volk den Fremden ans Herz und ermunterte es, ihm ein gutes Ruderschiff mit zweiundfünfzig jungen Phäaken zur Verfügung zu stellen. Zugleich lud er die anwesenden Häupter des Volkes zu einem Festmahl in seinen Palast ein, das dem Fremden zu Ehren gegeben werden sollte. Er befahl auch, Demodokos zu rufen, den göttlichen Sänger, dem Apollon die Gabe des Liedes verliehen hatte und der mit seinem begeisterten Gesang das Herz der Gäste erfreuen sollte.

Nachdem die Volksversammlung aufgehoben war, machten die jungen Männer das Schiff bereit. Sie brachten Mast und Segel an, hängten die Ruder in lederne Schlaufen und spannten die Segeltücher auf. Dann gingen sie zum Palast des Königs.

Hier hatten sich Hallen, Höfe und Säle schon gefüllt, denn Jung und Alt hatte sich eingefunden. Zwölf Schafe, acht Schweine und zwei Stiere waren für das Mahl geschlachtet worden und es duftete schon verführerisch. Auch den Sänger führte der Herold herein, dem die Muse Gutes und Böses beschert hatte: Das Augenlicht hatte sie ihm genommen, ihm dafür aber das Herz mit leichten Gesängen aufgehellt. Der Herold stellte ihm einen Sessel mitten unter die Gäste. Er reichte ihm seine Harfe und stellte einen Tisch mit dem Speisekorb und dem immer vollen Becher vor ihn hin, damit er nach Herzenslust essen und trinken konnte.

Als nun das Mahl vorüber war, begann der Sänger sein Lied zu den schon damals berühmt gewordenen Heldensagen von Troja. Der Inhalt seines Gesangs aber war der Streit zweier Helden, deren Namen in aller Munde waren: Achilles und Odysseus.

Als Odysseus seinen Namen in dem Lied hörte, musste er sein Gesicht verhüllen, damit niemand seine Tränen sah. Sobald der Sänger schwieg, enthüllte er sein Gesicht und griff zum Becher. Wenn aber das Lied von Neuem begann, verbarg er sein Gesicht wieder. Keiner bemerkte es, nur der neben ihm sitzende König. Er befahl, den Gesang zu beenden und den Fremden auch durch Kampfspiele zu ehren.

„Unser Gast", sagte er, „soll den Seinen zu Hause auch berichten können, wie wir Phäaken uns im Faustkampf, Ringen, Sprung und Wettlauf unter allen Sterblichen hervortun."

So wurde das Mahl aufgehoben und die Phäaken folgten dem Wunsch ihres Königs. Schnell liefen alle auf den Markt. Dort erhoben sich eine Menge edler junger Männer, darunter auch drei von Alkinoos' Söhnen: Laodamas, Halios und Klytoneos.

Diese drei maßen sich zuerst miteinander im Wettlauf, auf einer Sandbahn, die sich weit vor ihnen erstreckte. Auf ihr stürmten sie nach dem Startzeichen dahin und wirbelten dabei ordentlich Staub auf. Schließlich lief Klytoneos als Sieger durchs Ziel.

Im folgenden Ringkampf siegte der junge Euryalos.

Darauf kamen die Springer. Hier zeigte sich der Phäake Amphialos als überlegen.

Im Scheibenschwingen gewann Elatreus und schließlich im Faustkampf der Königssohn Laodamas.

Dieser erhob sich jetzt in der Versammlung der Jungen und sprach: „Freunde, wir sollten doch auch sehen, ob der

Fremde etwas von unseren Kämpfen versteht. Sein Aussehen verspricht ja nichts Schlechtes. Und scheint er auch von Kummer und Elend gebrochen, so fehlt es ihm doch nicht an Kraft!"

„Du hast recht", sprach jetzt Euryalos. „Darum, oh Fürst, fordere ihn selbst zum Wettstreit auf!"

Das tat Laodamas mit freundlichen, höflichen Worten.

Doch Odysseus erwiderte: „Wollt ihr mich kränken, ihr Jungen? Die Trauer nagt an mir und ich habe keine Lust zum Wettkampf! Ich habe genug ausgehalten und erlitten, und jetzt sehne ich mich nach nichts anderem als nach der Rückkehr in mein Heimatland!"

Laodamas antwortete ihm unwillig: „Fremder, du verhältst dich wahrlich nicht wie ein Mann, der sich aufs Kämpfen versteht. Du bist wohl ein Schiffslenker und zugleich Kaufmann, ein Warenhändler. Wie ein Held erscheinst du nicht."

Odysseus runzelte bei diesen Worten die Stirn und sprach: „Das ist keine feine Rede, mein Freund, und du erscheinst wie ein recht stures Kind. Die Götter verleihen nicht ein und demselben Mann die Gaben der Schönheit und Anmut und das Geschenk der Redegewandtheit und der Weisheit. Mancher ist von unansehnlicher Gestalt, aber in seinen Worten liegt eine Schönheit, dass alle, die sie hören, davon berührt werden. Und auch ein solcher ragt in der Volksversammlung hervor und man ehrt ihn wie einen Unsterblichen. Dagegen sieht oft einer aus wie ein Gott und in seinen Worten liegt wenig Sinn. Dennoch bin ich kein Neuling im Wettkampf, und als ich meiner Jugend und meinen Armen noch vertrauen konnte, nahm ich es mit den Tüchtigsten auf. Jetzt haben mich Schlachten und Stürme geschwächt. Doch du hast mich herausgefordert und ich will es darum auch versuchen!"

Odysseus erhob sich von seinem Sitz, ohne den Mantel abzulegen. Er nahm eine Scheibe, größer, dicker und schwerer als die, nach denen die jungen Männer der Phäaken gegriffen hatten. Er warf sie so kräftig, dass der Stein weit dahinsauste. Unter seinem Schwung bückten sich die umstehenden Phäaken und er flog weit über das Ziel hinaus.

Schnell machte Athene, in einen Phäaken verwandelt, das Zeichen, wo der Stein hingefallen war, und sprach: „Diese Stelle könnte auch ein Blinder erkennen, Fremder, so weit liegt der Stein von allen anderen entfernt! In diesem Kampf kannst du nie besiegt werden!"

Odysseus freute sich darüber, dass er einen so guten Freund im Volk gefunden hatte, und sprach mit leichterem Herzen: „Nun, ihr Jungen, macht mir das nach, wenn ihr könnt! Und ihr, die ihr mich so schwer beleidigt habt, kommt her und versucht, euch mit mir zu messen. Welchen Kampf ihr auch wollt, ich werde keinem ausweichen! Mit jedem will ich kämpfen, nur nicht mit Laodamas, denn wer stritte auch gern mit dem, der ihn bewirtet? Besonders gut kann ich mit Pfeil und Bogen umgehen. Und wenn auch viele mit mir um die Wette schießen wollten, ich wäre doch der Erste, der träfe. Ich kenne nur einen Besseren, den Griechen Philoktet. Der hat oft gegen mich gewonnen vor Troja, wenn wir dort das Schießen übten! Mit dem Wurfspieß treffe ich nicht weniger sicher und werfe ihn so weit, wie ein anderer einen Pfeil schießt. Nur im Wettlauf könnte vielleicht einer gegen mich gewinnen, selbst einer von euch. Denn das stürmische Meer hat mir viel Kraft genommen, zumal ich tagelang ohne Nahrung auf meinem Floß lag."

Als die jungen Phäaken das hörten, verstummten sie alle.

Der König aber ergriff das Wort und sagte: „Nun hast du uns dein Können enthüllt, Fremder, und von jetzt an soll dich kein Mensch mehr wegen deiner Stärke tadeln. Wenn du bei deiner Frau und deinen Kindern zu Hause sitzt, erinnere dich doch auch an unsere Stärke und unseren Mut. Als Faustkämpfer und Ringer zeichnen wir uns wohl nicht aus, aber im Wettlauf siegen wir, und auf die Schifffahrt verstehen wir uns auch. Köstliche Mahlzeiten, Musik und Tanz - darin sind wir auch Meister. Den schönsten Schmuck, das mildeste Bad, das weichste Lager - die findet man bei uns! Auf denn, ihr Tänzer, ihr Schiffslenker, ihr Läufer, ihr Sänger, zeigt euch vor dem Fremden, damit er zu Hause etwas von euch zu erzählen hat! Und bringt auch die Harfe des Demodokos her!"

Sofort machte sich ein Herold auf und schaffte die Harfe herbei. Neun auserwählte Schiedsrichter umringten die Schaubühne. Ein Spielmann stellte sich mit der Harfe in die Mitte und der Tanz der schönsten jungen Männer begann. Im reinsten Takt und mit schnellem Schwung hoben sie ihre Füße.

Odysseus staunte, denn er hatte noch nie einen so schnellen und schönen Tanz gesehen. Dazu sang der Sänger ein Lied von heiteren Geschichten aus dem Leben der Götter.

Nach einer Weile ließ der König den Reigen beenden und forderte seinen Sohn Laodamas und den anziehenden Halios auf, den Einzeltanz miteinander aufzuführen, denn niemand wagte es, sich mit ihnen zu messen. Die beiden nahmen einen zierlichen Ball zur Hand. Der eine warf ihn hinter seinem Rücken hoch in die Luft, der andere sprang hoch und fing den Ball in der Luft schwebend auf. Dann tanzten sie in leichten, wechselnden Biegungen umeinander, und andere Jungen, die im Kreis um sie herumstanden, klatschten dazu.

Odysseus richtete sich bewundernd an den König und sprach: „In der Tat, Alkinoos, du hast die geschicktesten Tänzer auf dem ganzen Erdboden. In dieser Kunst kann euch keiner das Wasser reichen!"

Alkinoos tat dieses Urteil sehr gut.

„Hört ihr, wie der Fremde über uns urteilt?", rief er seinen Phäaken zu. „Er ist ein sehr kluger Mann. Und er hat es verdient, dass wir ihm ein ansehnliches Gastgeschenk übergeben. Also auf! Zwölf Fürsten des Landes und ich selbst als dreizehnter sollen ihm jeder einen Mantel und einen Leibrock herbeibringen und dazu ein Pfund des reinsten Goldes. Das wollen wir ihm, zu einer großen Gabe vereint, schenken, damit er mit fröhlichem Herzen von uns Abschied nimmt. Und außerdem soll Euryalos versuchen, ihn mit freundlichen Worten ganz mit uns auszusöhnen."

Alle Phäaken applaudierten.

Ein Herold zog los, um die Geschenke einzusammeln.

Euryalos nahm sein Schwert mit dem silbernen Griff und einer Scheide aus Elfenbein, überreichte es dem Gast und sprach dazu: „Haben wir dich mit einem Wort gekränkt und beleidigt, so sollen es die Winde verwehen! Dir aber mögen die Götter eine fröhliche Heimfahrt schenken! Segen und Freude seien mit dir!"

„Auch mit dir!", antwortete Odysseus. „Möge dir dein Geschenk nie leidtun!"

Mit diesen Worten hängte er sich das prächtige Schwert um die Schultern.

Es war fast Sonnenuntergang, als die Geschenke ankamen und alle vor der Königin niedergelegt wurden. Sie ließ Alkinoos noch eine zierliche Truhe für die Gewänder herbeischaffen, in die die Gaben hineingelegt und für Odysseus in den Palast getragen wurden. Dort fügte der König, der sich mit der ganzen Gesellschaft in seine Wohnung begeben hatte, noch andere prächtige Kleidungsstücke hinzu und außerdem ein kostbares goldenes Gefäß.

Dem Gast wurde ein Bad bereitet.

In der Zwischenzeit zeigte ihm die Königin selbst alle die

köstlichen Geschenke in der offenen Truhe und sprach dazu: „Sieh dir den Deckel genau an, und verschließe die Truhe gut, damit dich während der Heimfahrt keiner im Schlaf beraubt und die schöne Kiste davonträgt!"

Odysseus schlug den Deckel sorgfältig ein und verschloss die Truhe mit einem vielfach verschlungenen Knoten.

Dann erfrischte er sich im warmen Bad und wollte danach wieder zum Mahl in die Gesellschaft der Männer zurückkehren.

Da sah er vor dem Türpfosten des Eingangs in den Saal die schöne Nausikaa stehen, der er seit seinem Einzug in die Stadt nicht mehr begegnet war, denn sie hatte seither anständig fern von den Männern in den Frauenräumen gelebt. Nun aber wollte sie sich auch von dem edlen Gast verabschieden.

Nachdem sie den Fremden lange still bewundert hatte, sprach sie ihn beim Eintreten in den Saal an: „Alles Gute für dich und Segen mit dir, edler Gast! Erinnere dich an mich auch im Land deiner Väter, da du mir ja dein Leben verdankst!"

Gerührt antwortete Odysseus: „Edle Nausikaa, wenn mich Zeus den Tag meiner Heimkunft erleben lässt, so werde ich dich, meine Retterin, täglich wie eine Gottheit anbeten!"

Mit diesen Worten betrat er den Saal und setzte sich an der Seite des Königs nieder. Hier waren die Diener gerade damit beschäftigt, das Fleisch zu zerlegen und den Wein aus den großen Mischkrügen in die Becher einzuschenken. Auch der blinde Sänger Demodokos wurde wieder hineingeführt und nahm seinen alten Platz in der Mitte des Saales ein.

Da winkte Odysseus dem Herold, schnitt vom Rücken des vor ihm liegenden gebratenen Schweines das beste Stück ab, hielt es ihm auf einer Platte hin und sagte: „Herold, gib dem Sänger dieses Fleisch. Obwohl ich selbst in der Verbannung bin, möchte ich ihm doch gern etwas Gutes tun. Die Sänger werden doch von allen Menschen geachtet, weil die Muse selbst sie den Gesang gelehrt hat und sie leitet."

Dankbar nahm der blinde Sänger die Gabe an.

Nach dem Mahl wandte sich Odysseus noch einmal an Demodokos: „Ich preise dich vor anderen Sterblichen, lieber Sänger, weil dich Apollon oder die Muse so schöne Lieder gelehrt hat! Wie lebendig und genau du das Schicksal der griechischen Helden schilderst, als hättest du alles mit angesehen und mit angehört! Nun fahre fort und sing uns auch noch die schöne Geschichte vom hölzernen Pferd und was Odysseus dabei getan hat!"

Der Sänger gehorchte erfreut und alle lauschten seinem Gesang.

Als Odysseus so seine Taten rühmen hörte, musste er wieder heimlich weinen, und nur Alkinoos bemerkte es.

Er gebot daher dem Sänger Stillschweigen und sprach im Kreis der Phäaken: „Es ist besser, die Harfe schweigt nun. Denn nicht jeder freut sich über die Geschichte, die der Sänger besingt. Seit wir beim Mahl sitzen und das Lied erklingt, hört unser schwermütiger Gast nicht auf, seinem Kummer nachzuhängen, und wir versuchen vergebens, ihn aufzuheitern. Und doch muss einem mitfühlenden Mann ein Gast so lieb sein wie ein Bruder. Nun denn, Fremder, sag uns offen: Wer sind deine Eltern? Welches ist dein Heimatland? Jeder Mensch hat doch einen Namen, sei er von edler oder von geringer Herkunft. Dein Land müssen wir ohnehin wissen und deine Geburtsstadt, wenn dich meine Phäaken heimbringen sollen. Weiter brauchen sie nichts. Haben sie nur den Namen des Ortes, so finden sie den Weg durch Nacht und Nebel!“

Auf diese freundliche Rede erwiderte der Held ebenso liebenswürdig: „Glaube nur nicht, edler König, dass euer Sänger mich nicht erfreut! Im Gegenteil! Es ist ein großes Vergnügen, einem wie ihm zuzuhören, wenn er seine göttergleiche Stimme hören lässt. Und ich kann mir nichts Angenehmeres vorstellen, als wenn ein ganzes Volk bei einem frohen Fest einem Sänger lauscht, während die Gäste in langen Reihen sitzen, vor jedem Brot und Fleisch stehen und fleißig Wein eingeschenkt wird! Ihr aber wünscht, dass ich euch von meinen Leiden erzähle, liebe Freunde. Da werde ich noch tiefer in Kummer versinken. Denn wo soll ich anfangen und womit enden? – Doch hört vor allen Dingen, wer ich bin und woher ich komme!“

Odysseus erzählt von den Kikonen, Lotophagen, Zyklopen und von Polyphem

„Ich bin Odysseus, der Sohn des Laërtes. Die Menschen kennen mich und der Ruf meiner Klugheit ist über die Erde verbreitet. Ich wohne auf der sonnigen Insel Ithaka, in deren Mitte sich das waldige Gebirge Neriton erhebt. Ringsumher liegen viele kleinere bewohnte Inseln: Same, Dulichion, Zakynthos. Meine Heimat ist zwar rau, doch kann sie die Menschen ernähren, und die Heimat ist doch jedem das Schönste.

Hört nun die Geschichte von meiner unglücklichen Heimfahrt aus dem trojanischen Land!

Von Troja trug mich der Wind in die Kikonenstadt Ismaros, die ich mit meinen Gefährten eroberte. [*Die Kikonen lebten in Thrakien auf der östlichen Balkanhalbinsel, die sich heute Bulgarien, Griechenland und die Türkei teilen.*] Wir töteten die Männer und verteilten die Frauen samt der anderen Beute. Nach meinem Rat hätten wir uns nun eilig davongemacht. Aber meine unvernünftigen Begleiter blieben bei ihrer Beute sitzen. Da holten sich die entflohenen Kikonen Verstärkung durch ihre landeinwärts wohnenden Brüder und überfielen uns mit ihnen gemeinsam, als wir gerade am Ufer beim Mahl saßen. Die Übermacht siegte. Sechs Freunde von jedem unserer Schiffe blieben auf der Strecke, wir anderen entgingen dem Tod nur durch die Flucht.

Also steuerten wir weiter westwärts, froh, der Todesgefahr entronnen zu sein, aber von Herzen traurig über den Tod unserer Gefährten.

Da schickte Zeus uns einen Orkan aus dem Norden. Meer und Erde hüllten sich in Wolken und Nacht. Mit gesenkten Masten flogen wir dahin, und bevor wir die Segel einziehen konnten, krachten die Stangen zusammen und die Segeltücher zerrissen in Stücke.

Mit Mühe erreichten wir das Ufer und lagen dort zwei Tage und Nächte vor Anker, bis wir die Masten wieder aufgerichtet und neue Segel aufgespannt hatten.

Wir steuerten nun vorwärts und hatten alle Hoffnung, bald in die Heimat zu gelangen.

Doch gerade, als wir um das Vorgebirge Malea an der Südspitze der griechischen Pelopsinsel [= *Peloponnes*] herumschifften, drehte sich der Wind plötzlich aus Nord und hätte uns seitwärts aufs offene Meer getrieben.

Da wurden wir nun neun Tage vom Sturm herumgeschleudert.

Am zehnten gelangten wir ans Ufer der Lotophagen, die sich von nichts anderem als Lotosfrüchten ernähren. [*Man weiß nicht so genau, wo die Lotophagen gelebt haben sollen, möglicherweise im Norden oder Nordosten Libyens. Auch beim Lotos ist unklar, um welche Baumart es sich handelte.*] Hier gingen wir an Land und nahmen frisches Wasser auf. Dann sandten wir zwei unserer Freunde als Kundschafter aus und ein Herold musste sie begleiten.

Diese gelangten in die Volksversammlung der Lotophagen und wurden von diesem gutmütigen Volk, die nicht daran dachten, uns Schaden zuzufügen, aufs Freundlichste empfangen.

Aber die Frucht des Lotos, die sie ihnen zum Probieren gaben, hat eine ganz eigentümliche Wirkung. Sie ist süßer als Honig, und wer von ihr kostet, der will nichts mehr von Heimkehr wissen, sondern immer in dem Land bleiben. So mussten wir denn auch unsere Freunde, während sie weinten und sich wehrten, mit Gewalt zurück zu den Schiffen bringen.

Auf unserer weiteren Fahrt kamen wir nun zu dem wild lebenden, grausamen Volk der Zyklopen. Diese bebauen ihr Land nicht, sondern überlassen alles den Göttern. Tatsächlich wächst dort alle mögliche Nahrung: Weizen, Gerste, die edelsten Reben voll großbeeriger Trauben. Und Zeus gibt mit mildem Regen seinen Segen dazu.

Sie haben auch keine Gesetze oder treten in Ratsversammlungen zusammen, sondern alle wohnen auf den felsigen Gebirgshöhen in Erdhöhlen. Da richten sie sich, jeder, wie er mag, mit Frauen und Kindern ein. Weiter kümmert sich keiner um den anderen.

Außerhalb der Bucht, nicht allzu weit vom Zyklopenland, erstreckt sich eine bewaldete Insel voller wilder Ziegen, die dort ohne Angst vor Jägern sorglos grasen. Kein Mensch wohnt darauf, und auch die Zyklopen selbst, die keine Ahnung vom Schiffsbau haben, kommen dorthin. Wer dort wohnte, könnte die Insel leicht in blühendes Land umwandeln, denn der Boden ist höchst fruchtbar. Feuchte grüne Wiesen breiten sich über den Strand aus, das ungenutzte Ackerland ist locker, der Boden fett. Die Hügel böten sich zum Weinbau an. Auch gibt es einen windgeschützten Hafen, so sicher, dass man die Schiffe weder anzubinden noch vor Anker legen müsste. In die Bucht hinein perlt das reinste Wasser aus den Felsen und grüne Pappeln stehen ringsumher.

Dorthin leitete ein schützender Gott unsere Schiffe in der dunklen Nacht.

Als der Morgen anbrach, betraten wir die Insel und erlegten auf fröhlicher Jagd so viele Ziegen, dass ich jedem meiner zwölf Schiffe neun zuteilen konnte und noch zehn für mich behielt. Da saßen wir den ganzen Tag bis zum späten Abend am idyllischen Ufer und genossen das frische Ziegenfleisch und den alten Wein, den wir in der Kikonenstadt erbeutet hatten und in Krügen mit uns führten.

Am nächsten Morgen bekam ich Lust, das gegenüberliegende Land auszukundschaften. Ich kannte noch nicht die Art und das Wesen dessen Bewohner, der Zyklopen. Daher segelte ich mit vielen Gefährten hinüber.

Als wir dort landeten, sahen wir am äußersten Ende des Strandes eine hochgewölbte Felsenkluft. Sie war ganz mit Lorbeersträuchern bewachsen, wo viele Schafe und Ziegen lagen. Ringsum war aus Steinen, hohen Fichten und Eichen ein Gehege erbaut worden. In dieser Umzäunung hauste ein Mann von riesiger Gestalt, der die Herde einsam auf entfernten Weiden umhertrieb, nie mit anderen, auch nicht aus seinem Volk, zu tun hatte und immer nur Böses im Sinn hatte. Das war ein Zyklop.

Während wir nun das Ufer mit den Augen absuchten, erkannten wir all das. Da wählte ich mir zwölf der tapfersten Freunde aus, ließ die übrigen an Bord bleiben und auf das Schiff aufpassen und nahm mir einen Schlauch voll des besten Weines, den mir ein Priester Apollons in der Kikonenstadt Ismaros geschenkt hatte, weil wir ihn und sein Haus verschonten. Wir packten ihn nebst gutem Proviant in einen Korb und wollten damit den Mann beschwichtigen, der schon von Weitem auf den ersten Blick wild und gesetzlos schien.

Als wir bei der Felskluft angekommen waren, fanden wir ihn selbst nicht zu Hause, denn er war bei seinen Herden auf der Weide. Wir traten ohne Weiteres in die Höhle ein und wunderten uns über die innere Einrichtung. Da standen Körbe, randvoll gefüllt mit mächtigen Käselaiben. Die Ställe in der Grotte standen gedrängt voll mit Lämmern und jungen Ziegen, jede Gattung getrennt von der anderen. Körbe lagen umher, Kübel voll Milch, Bottiche, Eimer zum Melken.

Anfangs bedrängten die Gefährten mich, von dem Käse zu nehmen, so viel wir konnten, und uns davonzumachen, oder

Lämmer und Ziegen zu unserem Schiff zu treiben und dann wieder zu unseren Freunden auf die Insel zurückzukehren. Hätte ich doch ihren Rat befolgt! Aber ich war allzu begierig, den seltsamen Bewohner der Höhle kennenzulernen, und wollte lieber ein Gastgeschenk erwarten, als mit einem Raub davonziehen. Deswegen zündeten wir ein Feuer an und opferten. Dann nahmen wir ein wenig von dem Käse und aßen. Nun warteten wir, bis der Hausherr heimkam.

Endlich näherte er sich. Auf seinen Riesenschultern trug er eine ungeheure Last trockenen Scheitholzes, das er gesammelt hatte, um sich sein Abendessen zu kochen. Er warf das Holz zu Boden, dass es fürchterlich krachte und wir alle vor Angst zusammenfuhren und uns in den äußersten Winkel der Grotte versteckten. Von dort sahen wir, wie er aus seiner fetten Herde einige Tiere auswählte und in die Kluft hineintrieb. Widder und Böcke blieben draußen in dem eingezäunten Gehege. Nun rollte er ein mächtiges Felsstück vor den Eingang, das zweiundzwanzig vierrädrige Wagen nicht von der Stelle hätten schaffen können. Dann setzte er sich gemächlich auf den Boden, melkte der Reihe nach die Schafe und Ziegen, legte die saugenden Lämmer ans Euter, ließ die eine Hälfte der Milch mit Lab gerinnen, formte Käse daraus und stellte sie in Körben zum Trocknen hin. Die andere Hälfte verwahrte er in großen Kannen, denn das war sein tägliches Getränk.

Als er mit allem fertig war, machte er sich ein Feuer an.

Und da entdeckte er uns in unserem Winkel. Auch wir konnten jetzt erst richtig seine grässliche Riesengestalt betrachten. Er hatte wie alle Zyklopen nur ein einziges funkelndes Auge in der Stirn, Beine wie tausendjährige Eichenstämme und Arme und Hände groß und stark genug, um mit Granitblöcken Ball zu spielen.

‚Wer seid ihr, Fremde?', fuhr er uns mit seiner rauen Stimme an, die klang wie Donner im Gebirge. ‚Woher kommt ihr übers Meer? Ist die Seeräuberei euer Geschäft oder was treibt ihr?'

Bei dem Gebrüll bebte uns das Herz im Leib.

Doch nahm ich mich zusammen und erwiderte: ‚Ach nein. Wir sind Griechen, kommen von der Zerstörung Trojas zurück und haben uns während der Heimfahrt auf dem Meer verirrt. Wir flehen dich um Schutz und eine Gabe an. Ja, fürchte die Götter, lieber Mann, und erhöre uns! Denn Zeus beschützt die um Schutz Flehenden und rächt ihre Misshandlung!'

Aber der Zyklop erwiderte mit grässlichem Lachen: ‚Du bist ein Narr, Fremder. Du weißt nicht, mit wem du es zu tun hast. Meinst du, wir kümmern uns um die Götter und ihre Rache? Was gilt den Zyklopen Zeus der Donnerer und alle Götter miteinander! Sind wir doch viel großartiger als sie! Wenn ich es so will, schone ich weder dich noch deine Freunde! Aber sag mir: Wo ist das Schiff, mit dem du hergekommen bist? Wo liegt es vor Anker, nah oder fern?'

So fragte der Zyklop hinterlistig.

Ich aber erwiderte schlau: ‚Mein Schiff, guter Mann, hat der Erderschütterer Poseidon nicht weit von eurem Ufer an die Klippen geworfen und zertrümmert. Ich allein bin mit diesen zwölf Gefährten entkommen.'

Darauf antwortete das Ungeheuer gar nicht, sondern streckte nur seine Riesenhände aus, packte zwei meiner Freunde und schlug sie wie junge Hunde zu Boden, dass ihr Blut auf die Erde spritzte. Dann zerhackte er sie für sein

Abendessen und fraß sich an ihnen satt wie ein Löwe in den Bergen. Nichts ließ er von ihnen übrig.

Wir aber streckten die Hände zu Zeus empor und jammerten laut über diese Untat.

Nachdem sich das Untier seinen Bauch gefüllt und den Durst mit Milch gelöscht hatte, warf er sich der Länge nach in der Höhle zu Boden.

Nun überlegte ich, ob ich nicht auf ihn losgehen und ihm das Schwert in die Rippen stoßen sollte. Aber schnell bedachte ich mich eines Besseren. Denn was hätte uns das geholfen? Wer hätte uns den unermesslichen Stein von der Höhle gewälzt? Wir hätten zuletzt alle einen jämmerlichen Tod sterben müssen. Deswegen ließen wir ihn schnarchen und erwarteten in dumpfer Angst und Sorge den Morgen.

Als der Zyklop am nächsten Morgen aufgestanden war, zündete er wieder ein Feuer an und fing an zu melken. Als er damit fertig war, packte er wieder zwei meiner Begleiter und verzehrte sie zu unserem Entsetzen zum Frühstück. Dann trieb er die Herde aus der Höhle, nachdem er den Fels weggerollt hatte, ging selbst hinaus und setzte den Stein wieder davor, wie man einen Deckel auflegt. Wir hörten ihn mit gellendem Pfeifen seine Herde in die Berge treiben. Wir aber blieben in Todesangst zurück, und jeder erwartete, als Nächster gefressen zu werden, und fragte sich, wann er an die Reihe kommen werde.

Ich selbst schmiedete unentwegt Rachepläne und endlich kam mir ein nicht übler Gedanke. Drinnen im Stall lag die mächtige Keule des Zyklopen aus grünem Olivenholz. Er hatte sie vom Baum geschlagen, um sie zu tragen, wenn sie getrocknet wäre. Uns erschien sie an Länge und Dicke wie der Mast eines großen Schiffes. Von dieser Keule schlug ich mir ein Stück ab, so dick, dass ein Arm es umspannen konnte, reichte es den Freunden und ließ sie es glatt schaben. Dann schärfte ich den Pfahl oben ganz spitz und härtete ihn in der Flamme. Diesen Pfahl versteckte ich sorgfältig im Mist, den es haufenweise in der Höhle gab. Dann losten meine Gefährten aus, wer es wagen sollte, mit mir zusammen den Brandpfahl dem Ungeheuer ins Auge zu drehen, wenn es schlief. Das Los traf gerade die vier tapfersten der Freunde, die ich auch selbst ausgewählt hätte, und der Fünfte war ich.

Am Abend kam der grässliche Hirte mit seiner Herde heim. Diesmal trieb er alle Tiere in die Höhle. Vielleicht ahnte er etwas oder, wie ihr bald hören werdet, ein Gott besorgte es so zu unseren Gunsten. Übrigens fügte der Zyklop, wie bisher, den Stein wieder in die Öffnung, tat alles wie sonst und fraß auch zwei aus unserer Mitte.

Inzwischen hatte ich eine Holzkanne mit dem dunklen Wein aus meinem Schlauch gefüllt, näherte mich dem Ungeheuer und sprach: ‚Da nimm, Zyklop, und trink! Auf Menschenfleisch schmeckt der Wein vortrefflich. Du sollst auch erfahren, welch köstliches Getränk wir auf unserem Schiff haben. Ich brachte ihn mit, um ihn dir zu spenden, wenn du Mitleid mit uns hast und uns heimlässt. Aber du bist ja ein ganz entsetzlicher Wüterich. Wie soll dich in Zukunft ein anderer Mensch besuchen? Nein, du bist nicht gerecht mit uns umgegangen!‘

Der Zyklop nahm die Kanne, ohne ein Wort zu verlieren,

und leerte sie mit durstigen Zügen. Man sah ihm an, wie sehr ihm der Wein schmeckte.

Als er fertig war, sprach er zum ersten Mal freundlich: ‚Fremder, gib mir noch eine Kanne. Und sage mir auch, wie du heißt, damit ich dich auf der Stelle mit einem Gastgeschenk erfreuen kann. Denn auch wir haben Wein hierzulande, wir Zyklopen. Damit du aber auch erfährst, wen du vor dir hast: Mein Name ist Polyphemos.‘

So sprach der Zyklop und gern gab ich ihm von Neuem zu trinken. Ja, dreimal schenkte ich ihm die Kanne voll und dreimal leerte er sie in seiner Dummheit.

Als der Wein anfing, ihm die Sinne zu benebeln, sprach ich schlauerweise: ‚Meinen Namen willst du wissen, Zyklop? Ich habe einen seltsamen Namen. Ich heiße Niemand. Alle Welt nennt mich Niemand. Meine Mutter und mein Vater haben mir den Namen gegeben und alle meine Freunde nennen mich so.‘

Darauf antwortete der Zyklop: ‚Nun sollst du auch dein Gastgeschenk erhalten: Niemand verzehre ich als letzten nach all seinen Gefährten. Bist du mit der Gabe zufrieden, Niemand?‘

Diese letzten Worte lallte der Zyklop nur noch, lehnte sich zurück und taumelte bald ganz zu Boden. Mit gekrümmtem Nacken drehte er sich schnarchend im Rausch, ja Wein und Menschenfleisch erbrach er in seiner Trunkenheit.

Jetzt steckte ich schnell den Pfahl in die glimmende Asche, bis er Feuer fing, und als er schon Funken sprühte, zog ich ihn heraus. Mit den vier Freunden, die das Los getroffen hatte, stießen wir ihm die Spitze tief ins Auge, und ich drehte den Pfahl, wie ein Zimmermann einen Schiffsbalken durchbohrt.

Grauenvoll heulte der Verletzte auf, so laut, dass die Höhle von dem Gebrüll widerhallte. Vor Angst bebend, flüchteten wir in den äußersten Winkel der Grotte.

In der Zwischenzeit riss sich Polyphem den vor Blut triefenden Pfahl aus der Augenhöhle. Er schleuderte ihn weit von sich und tobte wie ein Irrsinniger. Dann rief er schreiend nach seinen Stammesbrüdern, den Zyklopen, die ringsumher im Gebirge wohnten. Diese kamen von allen Seiten herbei, umstellten die Höhle und wollten wissen, was ihrem Bruder geschehen sei.

Er aber brüllte aus der Höhle heraus: ‚Niemand, Niemand bringt mich um, ihr Freunde! Niemand macht es mit Hinterlist!'

Als die Zyklopen das hörten, sprachen sie: ‚Nun, wenn niemand dir etwas zuleide tut, wenn dich keine Seele angreift, was schreist du dann so? Du bist wohl krank, aber gegen Krankheit haben wir Zyklopen kein Mittel!'

So schrien sie und eilten wieder davon. Ich aber lachte mir ins Fäustchen.

Der blinde Zyklop tappte nun in seiner Höhle umher, immer noch vor Schmerzen winselnd. Er nahm den Felsstein vom Eingang, setzte sich vor die Tür und tastete mit den Händen herum, um jeden von uns zu fangen, der mit den Schafen entwischen wollte. Er hielt mich nämlich für so einfältig.

Ich aber überlegte inzwischen Tausende Pläne, bis ich schließlich den richtigen Gedanken hatte. Es standen nämlich gemästete Widder mit der dichtesten Wolle um uns her, groß und stattlich. Die band ich heimlich immer zu dritt mit den Zweigen des Weidengeflechts, auf dem der Zyklop schlief, aneinander. Der Mittlere trug unter seinem Bauch immer einen von uns Männern, der sich an seiner Wolle festhielt, während die beiden anderen Widder rechts und links die heimliche Last schützten.

Ich selbst wählte den stattlichsten Bock. Ich fasste ihn am Rücken, wälzte mich unter seinen Bauch und hielt die Hände fest in die Wolle gedreht. So unter den Widdern hängend, erwarteten wir den Morgen.

Als endlich der Tag anbrach, hüpfte die männliche Herde als Erstes aus der Höhle auf die Weide. Nur die Weibchen blökten noch mit prall gefüllten Eutern in den Ställen.

Ihr verletzter Herr betastete jedem Widder, der hinausging, sorgfältig den Rücken nach einem darauf reitenden Flüchtling ab. An den Bauch und meine List dachte er in seiner Dummheit nicht.

Nun lief auch mein Bock langsam zum Höhleneingang, schwer beladen mit Wolle, noch schwerer mit mir, der ich mich in allerlei Gedanken versunken dahintragen ließ.

Auch ihn streichelte Polyphemos und sprach: ‚Gutes Widderchen, was trabst du so langsam hinter der übrigen Herde aus der Höhle heraus? Sonst kannst du es doch nicht leiden, dass andere Schafe dir vorangehen. Du bist sonst immer der Erste bei den Wiesenblumen und am Bach und abends der Allererste wieder im Stall. Bedrückt dich das ausgebrannte Auge deines Herrn? Ja, könntest du denken und sprechen wie ich, würdest du mir sicher sagen, in welchem Winkel sich der Verbrecher mit seinem Gesindel verbirgt. Dann würde ich ihn zerquetschen und mein Herz wieder froh werden vom Leid, das Niemand über mich gebracht hat!‘

So sprach der Zyklop und ließ den Widder hinausgehen. Nun waren wir alle draußen. Sobald wir ein Stück von der Felskluft entfernt waren, machte ich zuerst mich selbst von meinem Bock los und löste dann auch meine Freunde ab. Leider waren nur noch sieben von uns übrig. Wir umarmten uns mit herzlicher Freude und klagten über die Verlorenen. Ich gab ihnen aber Zeichen, damit keiner laut weinte, sondern sich alle mit den gestohlenen Widdern schnell zu unseren Schiffen aufmachen sollten.

Erst als wir wieder auf unseren Ruderbänken saßen und durch die Wellen segelten, einen Heroldsruf vom Ufer entfernt, schrie ich dem am Uferhügel mit seiner Herde den Berg hinaufkletternden Zyklopen spöttisch zu: ‚Nun, Zyklop, die Männer, die du in deiner Höhle gefressen hast, hatten keinen schlechten Begleiter! Endlich sind dir deine Übeltaten vergolten worden und du hast die Strafe von Zeus und den Göttern zu spüren bekommen!‘

Als der Wüterich das hörte, wurde sein Ärger noch viel größer. Er riss einen ganzen Felsblock aus dem Gebirge heraus und warf ihn nach unserem Schiff. Er hatte auch tatsächlich so gut gezielt, dass er das Ende unseres Steuerruders nur wenig verfehlte. Aber von dem niederstürzenden Felsblocke schwoll die Flut an und die rückwärtsströmende Brandung riss unser Schiff wieder ans Ufer zurück. Mit aller Gewalt mussten wir uns in die Ruder legen, um dem Ungeheuer aufs Neue zu entfliehen und vorwärtszukommen.

Nun fing ich abermals an zu rufen, obwohl mich die Freunde aus Angst vor einem zweiten Wurf mit Gewalt abhalten wollten.

‚Höre, Zyklop‘, schrie ich, ‚wenn dich jemals ein Mensch fragt, wer dir dein Auge geblendet hat, so sollst du eine bessere Antwort geben, als du sie deinen Zyklopen erteilt hast! Sag ihm nur: Der Zerstörer Trojas, Odysseus, hat mich geblendet, der Sohn des Laërtes, der auf der Insel Ithaka wohnt!'

So rief ich.

Heulend schrie der Zyklop herüber: ‚Weh mir! So hat sich denn die alte Weissagung an mir erfüllt! Denn einst befand sich unter uns ein Wahrsager mit Namen Telemos, Eurymos' Sohn, der hier im Land der Zyklopen alt geworden ist. Er hat mir prophezeit, dass ich einmal durch Odysseus das Gesicht verlieren sollte. Ich meinte immer, es sollte ein stattlicher Kerl daherkommen, so groß und stark wie ich selbst, und sollte sich im Kampf mit mir messen. Und nun ist dieser Wicht gekommen, dieser Weichling, hat mich mit Wein betrunken gemacht und mir im Rausch das Auge geblendet! Aber komm doch wieder, Odysseus! Diesmal will ich dich als Gast bewirten, will dir vom Meeresgott sicheres Geleit erbitten. Denn du musst wissen: Ich bin Poseidons Sohn. Auch kann nur er und kein anderer mich heilen!'

Jetzt aber fing er an, zu seinem Vater Poseidon zu beten, dass er mir die Heimkehr nicht gönnen solle.

‚Und kehrt er jemals zurück', endete er, ‚so sei es wenigstens so spät, so unglücklich, so verlassen wie möglich, auf einem fremden Schiff, nicht auf dem eigenen. Und zu Hause treffe er nichts als Elend an!'

So betete er, und ich glaube, der finstere Gott hat ihn gehört. Dann hob er einen zweiten, noch viel größeren Felsblock und schleuderte ihn uns nach. Auch diesmal verfehlte er uns nur knapp. Doch wir widerstanden dem Gegenstoß der Flut und ruderten ruhig vorwärts.

Bald waren wir wieder auf der Insel angekommen, wo die übrigen Schiffe sicher in der Bucht lagen und die Freunde uns erwarteten. Sie empfingen uns bei unserer Landung mit lautem Freudengeschrei.

Als wir an Land gegangen waren, verteilten wir als Erstes die Herde des Zyklopen, die wir gestohlen hatten, unter unsere Freunde. Den Widder jedoch, unter dessen Bauch ich entflohen war, schenkten mir meine Gefährten. Ich brachte ihn sogleich Zeus zum Opfer dar.

Der Gott nahm unser Opfer jedoch nicht an und ließ sich nicht versöhnen. Er hatte beschlossen, dass alle unsere Schiffe und alle meine Freunde untergehen sollten.

Doch davon hatten wir keine Ahnung. Wir saßen vielmehr den ganzen Tag, bis die Sonne ins Meer sank, vergnügt beieinander, aßen und tranken, als hätten wir keine Sorgen. Dann legten wir uns am Strand nieder und schliefen beim Wellenrauschen ein.

Sobald jedoch der Himmel sich wieder rötete, saßen wir auch schon alle auf unseren Schiffen und ruderten weiter, der Heimat entgegen."

Odysseus erzählt vom Schlauch des Äolos, von den Lästrygonen und von Zirze

„Hierauf", fuhr Odysseus fort, „gelangten wir an eine Insel, die Äolos, der Sohn des Hippotes, ein vertrauter Freund der Götter, bewohnte. Diese Insel schwamm im Meer. Eine eiserne Mauer umgab sie, und ihre Grundlage war ein glatter Fels, der rings um die Insel herumlief.

Äolos hatte in seinem Palast sechs Söhne und sechs Töchter und feierte mit ihnen und seiner Frau jeden Tag ein Fest.

Der gute Fürst beherbergte uns einen ganzen Monat und befragte uns interessiert über Troja, die Macht der Griechen und ihre Heimkehr. Über all dies gab ich ihm genaue Auskunft, und als ich ihn schließlich bat, unsere

Heimfahrt in die Wege zu leiten, zeigte er sich in allem hilfsbereit.

Er schenkte uns einen dick aufgeschwollenen Schlauch, der aus der Haut eines neunjährigen Stieres angefertigt worden war. Darin waren sämtliche Winde eingeschlossen, die über die Erde wehen. Denn Äolos war vom Göttervater Zeus zum Verwalter der Winde bestellt und hatte die Macht empfangen, die Winde, wie er wollte, loszulassen und ihnen wieder Ruhe zu gebieten. Er selbst band uns den Schlauch mit einem glänzenden Seil aus Silberfäden in meinem Schiff fest und schnürte ihn so zusammen, dass auch nicht das kleinste Lüftchen herauskonnte.

Er hatte aber damit nicht alle Winde hergegeben, vielmehr hatte er von allen Gattungen noch genug zu Hause. Das zeigte er auch sogleich. Denn als wir uns eingeschifft hatten, ließ er unseren Schiffen den sanftesten Westwind nachwehen, der uns schnell und leicht in die Heimat bringen sollte.

Aber unsere eigene Dummheit brachte uns in großes Unglück.

Wir segelten schon neun Tage und Nächte lang auf dem Meer, und in der zehnten Nacht waren wir so nah an meiner Heimatinsel Ithaka, dass wir die Wachtfeuer des Ufers erkennen konnten.

Doch ich war so müde, dass ich einschlief, denn ich hatte mich unaufhörlich damit beschäftigt, das Segel meines Schiffes zu setzen, um noch schneller das Heimatland zu erreichen. Und diese Aufgabe wollte ich keinem anderen anvertrauen.

Während ich also schlief, rätselten meine Gefährten darüber, was wohl in dem Schlauch sei, den mir König Äolos als Gastgeschenk gegeben hatte. Und sie waren alle von dem Wahn befangen, ich hätte Silber und Gold in dem Sack.

Schließlich sprach einer der gierigsten Gefährten: ‚Odysseus ist doch überall hochgeachtet und geehrt! Wie viel Beute hat er allein aus Troja weggebracht! Und wir, die wir alle dieselben Gefahren und Mühen ausgestanden haben, wir kehren alle mit leeren Händen in die Heimat zurück! Jetzt hat ihm Äolos noch zusätzlich einen Sack voll Silber und Gold gegeben! Wie wär's, wenn wir hineinguckten, um zu erfahren, wie viele Schätze darin verborgen sind?'

Dieser böse Rat leuchtete den Übrigen sofort ein. Der Schlauch wurde geöffnet, und kaum war das Band gelöst, brausten alle Winde miteinander daraus hervor und rissen unsere Schiffe wieder hinaus in die offene See.

Ich selbst fuhr bei dem Brausen aus dem Schlaf hoch. Als ich das Unglück sah, das geschehen war, überlegte ich einen Augenblick, ob ich nicht lieber über Bord springen und auf den Meeresgrund sinken sollte. Doch fasste ich mich wieder und beschloss, zu bleiben und alles, was kommen würde, zu ertragen.

Die Wut der Orkane warf uns auf Äolos' Insel zurück. Hier ließ ich die Männer auf den Schiffen zurück und eilte mit einem einzigen Freund und dem Herold in die Burg des Fürsten, den ich mit seiner Frau und seinen Kindern gerade beim Mittagsmahl antraf. Sie staunten alle nicht wenig, dass wir wieder da waren.

Als sie aber den Grund dafür hörten, stand der Verwalter der Winde zornig von seinem Sitz auf und rief mir entgegen:

'Du unanständiger Mensch, offenbar verfolgt dich die Rache der Götter! Einen wie dich darf ich weder beherbergen noch begleiten! Geh mir aus dem Haus, Verdorbener!'

Mit diesem Fluche jagte er mich davon und tieftraurig segelten wir weiter.

Meinen Gefährten schwand aller Mut beim Rudern. Es war schon wieder der siebte Tag vergangen und nirgends zeigte sich Land.

Endlich kamen wir an eine Küste mit einer turmreichen Stadt. Sie hieß Telepylos und war der Sitz der Lästrygonen. [*Es gibt keine sicheren Erkenntnisse darüber, wo das Land der Lästrygonen war.*] Das alles wussten wir jedoch noch nicht und von der Stadt konnten wir auch noch nichts sehen.

Der Hafen, in den wir einliefen, war großartig: eng geschlossen und von allen Seiten durch schroffe Felsen geschützt, sodass das Wasser in der Bucht stets ruhig und wellenlos war.

Ich legte mein Schiff im Hafen an, erklomm das felsige Ufer und schaute mich in Richtung Landseite um. Nirgends entdeckte ich bebaute Felder, keine Bauern, kein Vieh. Nur Rauch, wie aus einer großen Stadt, sah ich zum Himmel aufsteigen.

Da ging ich zurück zu den Schiffen und schickte zwei ausgewählte Freunde mit einem Herold als Kundschafter voraus.

Sie stiegen an Land und fanden bald einen Weg, der über eine bewaldete Anhöhe in Richtung des Rauches führte und sie endlich in die Nähe der Stadt brachte.

Bevor sie die Stadt erreichten, begegneten sie einer jungen

Frau, die Wasser schöpfte. Sie war die Tochter des Lästrygonenkönigs Antiphates. Sie stieg eben zu der Quelle Artakia hinab, wo die Einwohner ihr Wasser holten. Das Mädchen, über dessen Größe sie sich nicht genug wundern konnten, zeigte ihnen freundlich den Weg zur Wohnung ihres Vaters und gab ihnen die gewünschte Auskunft über Land, Stadt und Herrscher.

Als sie nun aber in die Stadt und an den Palast kamen, erstarrten sie erst vor Entsetzen. Da stand die Frau des Lästrygonenkönigs vor ihnen, so riesengroß wie der Gipfel eines Berges. Denn die Lästrygonen waren Riesen und Menschenfresser. Auch rief die Königin sofort ihren Mann, und dieser griff zur Begrüßung nach einem der Gesandten und befahl sogleich, ihn für sich zum Abendessen zuzubereiten. Die zwei anderen flüchteten in Todesangst zurück zu den Schiffen.

Der König aber rief brüllend die ganze Stadt zu den Waffen, und über tausend Lästrygonen, lauter Riesen, kamen heraus und schleuderten große Steine nach uns, sodass man auf den Schiffen nichts als das Geschrei Sterbender und das Zusammenkrachen der getroffenen Schiffsbalken hörte.

Nur mein eigenes Schiff hatte ich hinter einem Felsen so angebunden, dass die Steine es nicht treffen konnten.

Als nun die übrigen Schiffe zu versinken drohten, nahm ich so viele ihrer Mannschaften wie möglich auf mein Schiff auf, und so entkamen wir unversehrt aus dem Hafen. Die anderen Schiffe aber sanken mit einer Unzahl Toter und Sterbender in den Abgrund.

Nun fuhren wir auf dem einzigen Schiff zusammengedrängt weiter und kamen wieder an eine Insel mit Namen Aiaia. [*Der*

Name bedeutet „Klagen“. Wo die Insel lag, ist nicht genau bekannt, vermutlich im Osten, außerhalb des Mittelmeers.]

Hier wohnte eine sehr schöne Halbgöttin, ein Kind des Sonnengotts und der Okeanostochter Perse und Schwester König Aietes’. Sie hieß Zirze und hatte einen herrlichen Palast auf der Insel.

Wir aber wussten nichts von ihr. Wir segelten in eine Bucht der Insel ein, legten unser Schiff vor Anker und legten uns, müde von der Anstrengung, voll Verzweiflung und Trauer, ins Ufergras.

Am dritten Morgen machte ich mich, mit Schwert und Lanze bewaffnet, auf, um das Land auszukundschaften.

Endlich bemerkte ich Rauch, der aus Zirzes Palast aufstieg. Ich ging aber nicht sofort darauf zu, sondern zog meine Lehren aus früheren Gefahren. Ich kehrte zuerst zu meinen Freunden zurück, um Späher auszusenden.

Wir hatten auch alle schon lange nicht mehr genug Nahrung zu uns genommen. Da hatte auf meinem Rückweg einer der Götter Mitleid mit uns und schickte mir einen Hirsch mit prächtigem Geweih über den Weg, der durstig aus dem Wald zum Bach hinuntersprang. Ich traf ihn im Lauf, sodass meine Lanze ihn durchbohrte. Ich zog die Lanze aus der Wunde, machte mir aus Weidenruten ein Seil, band es dem Wild um die Füße und trug es so um den Nacken gehängt zum Schiff. Unter der ungewohnten Last musste ich mich beim Gehen auf meine Lanze stützen.

Meine Begleiter sprangen freudig auf, als sie die schöne Beute auf meinen Schultern sahen. Schnell wurde das Tier geschlachtet und ein Festmahl zubereitet, indem wir alles zusammensuchten, was wir noch an Brot und Wein auf dem Schiff finden konnten.

Dann berichtete ich ihnen von dem Rauch, den ich entdeckt hatte. Aber meine Freunde wurden ganz mutlos, denn alle mussten an die Höhle des Zyklopen und den Hafen des Lästrygonenkönigs denken, wo uns die Hoffnung jedes Mal so grausam in die Irre geführt hatte. Ich allein blieb mutig. Ich teilte alle meine übrig gebliebenen Gefährten in zwei Gruppen ein. Die eine führte ich selbst an, die andere Eurylochos. Dann schüttelten wir Lose in einem eisernen Helm. Das Los traf Eurylochos, und er musste sich sofort mit zweiundzwanzig Gefährten, die sich ihm nur unter Seufzern anschlossen, auf den Weg machen. Sie gingen in die Richtung, in der ich den Rauch hatte aufsteigen sehen.

Die Gruppe fand bald den herrlichen Palast der Göttin Zirze in einem anmutigen Tal der Insel versteckt. Wie staunten meine Freunde aber, als sie im Innenhof und vor der Tür des Wohnhauses Wölfe mit spitzen Zähnen und Löwen mit zotteligen Mähnen umhergehen sahen. Sie sahen voller Angst auf die grässlichen Ungeheuer und dachten schon darüber nach, wie sie so schnell wie möglich von dem unheimlichen Ort fliehen könnten. Aber sie waren bereits umringt von den wilden Tieren. Diese taten ihnen jedoch nichts zuleide, stürzten sich auch nicht mit einem Satz auf sie zu, sondern näherten sich langsam und einschmeichelnd. Dabei trugen sie ihre langen Schweife wedelnd aufgerichtet wie Hunde, wenn sie ihrem Herrn entgegengehen.

Wie wir später erfuhren, waren die Wölfe und Löwen lauter durch Zirzes Zauberkünste verwandelte Menschen.

Da die Tiere ihnen nichts antaten, fassten meine Freunde wieder Mut und näherten sich der Tür des Palastes. Aus seinem Inneren erscholl Zirzes Stimme, die eine großartige

Sängerin war. Sie sang bei der Arbeit, denn sie saß eben über dem Gewebe eines großen, wundervollen Kleides, wie es nur Göttinnen weben können.

Der Erste, der einen Blick in den Palast geworfen hatte und sich über diesen Anblick freute, war Polites, mit dem ich besonders befreundet war. Auf seinen Rat riefen unsere Freunde die Bewohnerin heraus. Sie erschien auch wirklich freundlich an der Tür und bat alle Ankömmlinge herein, mit Ausnahme ihres Anführers Eurylochos, der ein kluger Mann war und, durch die früheren Vorfälle gewarnt, einen Betrug witterte.

Die anderen führte Zirze in ihren Palast und ließ sie auf hohen, prächtigen Sesseln Platz nehmen. Dann brachte man Käse, Mehl, Honig und herben Wein herbei, woraus Zirze den Teig zu einem köstlichen Kuchen knetete. Dabei aber mischte sie unbemerkt Unheil bringende Säfte unter den Teig, die den Armen ihre Sinne rauben sollten, damit sie ihr Heimatland vergaßen.

Und tatsächlich: Sobald sie von der verführerischen Speise gekostet hatten, wurden sie alle in borstige Schweine verwandelt, fingen an zu grunzen und wurden von der Zauberin allesamt in die Ställe getrieben. Hier ließ ihnen Zirze statt der köstlichen Bissen Steineicheln und Kornellen zur Nahrung vorwerfen, wie alle Schweine sie bekommen. [*Kornellen oder Kornelkirschen waren früher weitverbreitet. Heute werden sie noch zur Herstellung von Marmeladen und Obstbränden verwendet.*]

Eurylochos hatte vieles von dem, was geschah, von Weitem mit angesehen, den Rest konnte er sich zusammenreimen. Er rannte, so schnell er konnte, zu unserem Schiff zurück, um mir und den Wartenden vom schrecklichen Schicksal unserer Freunde zu berichten.

Als er aber bei uns ankam, konnte er anfangs kein einziges Wort hervorbringen, weil ihm die entsetzliche Angst noch immer die Sprache verschlug. Er weinte jämmerlich und war ganz von Kummer gefangen genommen. Als wir ihn nun alle bedrängten zu sagen, was geschehen war, fand er endlich Worte und erzählte uns vom jämmerlichen Schicksal der anderen Freunde.

Auf diese Schreckensbotschaft hin nahm ich augenblicklich mein Schwert, Pfeil und Bogen und befahl Eurylochos, mich auf der Stelle zum Palast zu führen. Er aber flehte mich an, zurückbleiben zu dürfen, und bat mich inständig, auch selbst beim Schiff zu warten.

‚Glaube mir', schluchzte er, ‚du kommst weder selbst zurück noch bringst du einen der verlorenen Freunde wieder her. Lass uns von diesem verwunschenen Strand fliehen!'

Ich erlaubte ihm zu bleiben. Ich selbst aber gehorchte der Notwendigkeit und ging.

Auf dem Weg begegnete mir ein schöner junger Mann und streckte mir den goldenen Stab entgegen, an dem ich Hermes, den Boten der Himmlischen, erkannte.

Er nahm mich freundlich an die Hand und sprach: ‚Du Armer, was rennst du so durch das Waldgebirge, in dem du dich nicht auskennst? Deine Freunde sind bei der Zauberin Zirze in Schweineställe gesperrt. Willst du hingehen, um sie zu erlösen? Eher wirst du auch zu den anderen gesteckt werden! Aber gut, ich will dir ein Mittel an die Hand geben, das dich beschützen soll.'

Mit diesen Worten grub er eine schwarze Wurzel mit milchweißer Blüte aus dem Boden und nannte sie Moly.

Dann sprach er weiter: ‚Wenn du dieses Heilkraut bei dir

trägst, kann ihr Zauber dir nicht schaden. Zirze wird dir nämlich ein süßes Weinmus zubereiten und ihre Zaubersäfte daruntermischen. Dieses Kraut aber wird verhindern, dass sie dich in ein Tier verwandeln. Wenn sie dich dann mit ihrem langen Zauberstab berührt, dann zieh dein scharfes Schwert, und renn auf sie los, als wolltest du sie ermorden. Dann zwingst du sie leicht zu dem heiligen Eid, dass sie dir nicht heimtückisch Übles antun wird. Du kannst dann ohne Gefahr bei ihr wohnen und in allem ihren Willen tun. Wenn ihr vertraut miteinander geworden seid, wird sie dir auch deine Bitte nicht abschlagen und dir deine Freunde zurückgeben.‘

So sprach Hermes und verließ mich, um in den Olymp zurückzukehren.

Ich selbst lief unruhig und nachdenklich dem Palast der Zauberin entgegen.

Auf meinen Ruf öffnete sie die Tür und hieß mich freundlich eintreten, was ich, obwohl mit Wut im Herzen, auch tat. Nun führte sie mich zu einem herrlichen Thronsessel, rückte mir einen Schemel unter die Füße und mischte sofort in goldener Schale ihr Weinmus. Sie konnte kaum erwarten, bis ich die Schale ausgeleert hatte.

Und ohne im Mindesten daran zu zweifeln, dass ich mich auf der Stelle verwandeln würde, berührte sie mich mit ihrem Stabe und sprach: ‚Fort mit dir in den Schweinestall, zu deinen Freunden!‘

Ich aber riss das Schwert von der Seite und rannte wie mordbegierig auf die Zauberin los.

Nun schrie sie laut auf, warf sich zu Boden und rief mir jammernd entgegen: ‚Weh mir! Wer bist du, Gewaltiger, dass mein Trank dich nicht verwandeln kann? Noch kein anderer Sterblicher hat der Stärke meines Zaubers widerstanden.

Bist du vielleicht der erfindungsreiche Odysseus auf seiner Heimkehr von Troja, dessen Ankunft mir Hermes schon lange vorausgesagt hat? Wenn du es bist, so stecke dein Schwert in die Scheide und lass uns Freunde werden!‘

Ich aber veränderte meine drohende Haltung nicht und antwortete: ‚Wie kannst du verlangen, Zirze, dass ich freundlich zu dir sein soll? Du hast meine Begleiter in deinem Haus in Schweine verwandelt! Muss ich nicht annehmen, dass du nur deshalb so zuvorkommend zu mir bist, um auch mir ein Leid anzutun? Ich kann nur dann dein Freund werden, wenn du mir einen heiligen Eid schwörst, mir auf keinerlei Weise schaden zu wollen!‘

Die Göttin schwor auf der Stelle, was ich verlangte, und nun war auch ich zufrieden und legte mich sorglos schlafen.

Frühmorgens waren vier Dienerinnen, lauter schöne und edel geborene Nymphen, damit beschäftigt, die Säle ihrer Herrin in Ordnung zu bringen. Die eine bedeckte die Thronsessel mit herrlichen purpurnen Polstern, eine zweite stellte silberne Tische vor die Sessel und setzte goldene Körbe darauf, die dritte mischte Wein in einem silbernen Krug und verteilte goldene Becher auf den Tischen. Von der vierten schließlich wurde frisches Quellwasser herbeigetragen, der Kessel auf den Dreifuß gesetzt und die Glut darunter geschürt, bis das Wasser kochte. Dieses sollte mir zu einem erfrischenden Bad dienen, und als ich danach gesalbt und angekleidet war, sollte ich in Zirzes Gesellschaft das Frühstück genießen.

Aber obwohl reichlich Speisen vor mir auf meinem Tisch standen, streckte ich doch nicht die Hände danach aus, sondern saß schweigend und sorgenvoll meiner schönen Wirtin gegenüber.

Als diese mich endlich nach der Ursache meines stummen Kummers fragte, antwortete ich: ‚Welcher Mann, der noch ein Gefühl für Recht und Gerechtigkeit hat, könnte sich an Speise und Trank erfreuen, solange er seine Freunde im Elend weiß? Wenn du willst, dass ich mit Freude dein Mahl genieße, so lass mich meine lieben Gefährten mit eigenen Augen sehen!‘

Zirze ließ sich nicht lange bitten. Wir verließen die Kammer, Zirze mit dem Zauberstab in der Hand. Draußen schloss sie die Stalltür auf und trieb alle meine Freunde heraus, die mich in der Gestalt neunjähriger Schweine umwimmelten.

Nun ging sie zwischen ihnen umher und bestrich jeden mit einem anderen Saft. Auf einmal schälten sie sich aus der borstigen Hülle und wurden alle zu Männern, und zwar jünger und schöner, als sie vorher gewesen waren.

Freudig liefen sie auf mich zu und reichten mir die Hände. Als ihnen aber ihr elendes Schicksal einfiel, fingen sie alle an, zu weinen und zu jammern.

Die Göttin sprach darauf einschmeichelnd zu mir: ‚Jetzt, lieber Held, habe ich ja deinen Willen getan. Nun tu mir auch den Gefallen und lass dein Schiff ans Ufer ziehen. Bring seine Ladung in die Felsengrotten des Ufers und lass es dir dann mit deinen lieben Gefährten bei mir gut gehen!‘

Ihre Schmeichelei gewann mein Herz. Ich suchte das Schiff und die zurückgebliebenen Freunde auf, die mich schon lange für tot gehalten hatten und nun mit Freudentränen auf mich zustürzten.

Als ich ihnen den Vorschlag machte, das Schiff ans Ufer zu ziehen und bei der Göttin einzukehren, waren damit sofort alle einverstanden.

Nur Eurylochos lehnte den Vorschlag ab und sprach zu den anderen: ‚Habt ihr denn ein so großes Verlangen nach eurem Verderben, dass ihr in den Palast der Zauberin gehen wollt, die uns alle in Löwen, Wölfe und Schweine verwandeln und zwingen wird, in dieser scheußlichen Gestalt ihr Haus zu hüten? Wie ist der Zyklop mit unseren Freunden umgegangen, als Odysseus' Unvernunft uns ihm ausgeliefert hat?'

Als ich diese Beleidigung hörte, hatte ich große Lust dazu, das Schwert zu ziehen und ihm den Kopf abzuschlagen, obwohl er nah mit mir verwandt war. Die Freunde sahen die Bewegung, die ich machte, fielen mir in den Arm und brachten mich zur Besinnung.

Nun brachen wir alle auf, und auch Eurylochos, durch meine Drohung erschreckt, weigerte sich nicht zu folgen.

Inzwischen hatte Zirze unsere Freunde gebadet, mit Öl gesalbt und herrlich bekleidet und wir fanden sie alle ganz fröhlich beim Mahl versammelt. Da war ein Weinen und Umarmen und Begrüßen!

Die Göttin sprach allen Mut zu und tat uns so viel Liebes, dass wir von Tag zu Tag fröhlicher wurden und das ganze Jahr über bei ihr blieben.

Als aber nun das Jahr zu Ende ging, riefen mich meine Begleiter und ermahnten mich, endlich wieder an die Heimkehr zu denken. Ihre Worte rührten mein Herz, und noch am selben Abend flehte ich Zirze an, Wort zu halten und mich, wie sie mir anfangs versprochen hatte, in die Heimat zu schicken.

Die Zauberin antwortete: ‚Du hast recht, Odysseus. Es steht mir nicht zu, dich länger unter Zwang bei mir zu halten. Aber bevor du heimkommst, müsst ihr doch noch einen Umweg machen. Ihr müsst das Reich des Hades und der Persephone, das Schattenreich, besuchen und die Seele des blinden Greisen, des thebanischen Propheten Tiresias, nach der Zukunft befragen. Denn er hat auch im Tod durch Persephones Gunst noch seine volle Sehergabe behalten. Die Seelen der anderen Toten sind alle nur wie wandelnde Schatten.‘

Als ich diesen Entschluss hörte, fing ich an, zu weinen und zu jammern. Mir graute vor der Wohnung der Toten. Ich fragte, wer mich denn begleiten sollte, denn eine Schifffahrt in die Unterwelt hat noch kein Sterblicher lebendig unternommen.

‚Kümmere dich nicht um deine Begleitung‘, antwortete die Göttin. ‚Richte nur ruhig den Mast auf und setze die Segel! Der Nordwind wird euch schon hintreiben. Bist du erst einmal am Ufer des Okeanos, des Stromes, der die Erde umfließt, landest du an einem niedrigen Ufer, wo du Erlen, Pappeln und Weidenbäume zusammen siehst. Dies ist Persephones Wäldchen. Dort ist auch der Eingang in die Unterwelt. Hier, in einem Tal bei einem Felsen, wo die schwarzen Ströme Phlegethon und Kokytos, Letzterer ein Arm des Styx, sich in den Acheron oder die Unterwelt stürzen, wirst du eine Kluft finden, durch die der Weg ins Schattenreich geht. [*Styx bedeutet „Wasser des Grauens“. Der Fluss fließt auf der Grenze zwischen der Welt der Lebenden und dem Totenreich. Phlegethon, Kokytos und Acheron sind Flüsse der Unterwelt.*] Da gräbst du eine Grube und bringst den toten Seelen ein Opfer aus Honig, Milch, Wein, Wasser und Mehl dar, gelobst ihnen auch ein Schlachtopfer, wenn du nach Ithaka heimkommst, und außerdem dem Tiresias einen schwarzen Widder. Dann opferst du noch zwei schwarze Schafe, ein männliches und ein weibliches, und blickst dem vereinigten Strom durch die Kluft in die Tiefe nach, während deine Gefährten die Tiere zu Ehren der Götter verbrennen und zu ihnen beten. Da werden dir die Seelen der Toten erscheinen, und die Luftbilder werden herauf ans Licht dringen wollen, um vom Blut der Totenopfer zu kosten. Du aber wehrst sie mit dem Schwert ab und erlaubst ihnen nicht, näher zu kommen, bis du Tiresias befragt hast. Denn dieser wird bald kommen und dir auch über deine Heimfahrt Aufschluss geben.‘

Diese Rede tröstete mich einigermaßen.

Am nächsten Morgen versammelte ich meine Freunde und wollte sie zum Aufbruch mahnen.

Nun hatte sich der jüngste von allen, Elpenor, der weder besonders mutig noch sehr klug war, betrunken von Zirzes süßem Wein, von den Freunden entfernt. Und um frische Luft zu schnappen, hatte er sich auf dem flachen Dach des Palastes niedergelegt. Dort war er am vorigen Abend tief und fest eingeschlafen.

Als er nun durch das Aufbruchsgewühl der Freunde plötzlich geweckt wurde, fuhr er hoch und hatte vergessen, wo er war. Anstatt zur Treppe zu gehen, taumelte er über das Dach und fiel schließlich vom hohen Palast herunter, sodass er sich das Genick brach und sein Geist auf der Stelle zum Hades fuhr.

Ich aber sammelte meine Begleiter um mich und sprach: ‚Ihr meint wohl, liebe Freunde, es gehe nun geradewegs ins liebe Heimatland? Aber dem ist leider nicht so. Die Göttin Zirze hat uns eine ganz andere Fahrt vorgeschrieben. Wir sollen hinunter in das schreckliche Reich des Hades und dort die Seele des thebanischen Sehers Tiresias wegen unserer Heimfahrt befragen!'

Als meine Gefährten das hörten, brach ihnen fast das Herz vor Kummer. Sie jammerten laut und rauften sich die Haare aus. Aber ihre Klage half ihnen nichts. Ich befahl ihnen, aufzubrechen und mit mir zum Schiff zu gehen.

Zirze war uns vorausgelaufen. Sie hatte uns die beiden Opferschafe aufs Schiff bringen und dort anbinden lassen. Auch hatte sie uns mit Honig, Wein und Mehl für das Opfer reichlich versorgt. Als wir ankamen, schlüpfte sie mit einem stummen Abschiedsgruß schnell an uns vorbei.

Wir aber zogen das Schiff ins Meer, richteten den Mast und die Segel und setzten uns betrübt auf die Ruderbänke. Ein günstiger Fahrtwind, den uns Zirze schickte, blies in die Segel, und bald waren wir wieder auf hoher See.«

Odysseus erzählt vom Schattenreich

„Die Sonne tauchte ins Meer", fuhr Odysseus nach einer Pause fort, den lauschenden Phäaken zu erzählen, „als wir, von einem wunderbaren Fahrtwind vorwärtsgetrieben, am Ende der Welt beim Ufer der Kimmerier ankamen. [*Die Kimmerier lebten in einem Gebiet zwischen der heutigen Halbinsel Krim und Südrussland.*] Das Ufer liegt in ewigem Nebel und wird niemals von der Sonne beleuchtet. Es liegt am Strom Okeanos, der die Welt umfließt.

Wir kamen an den Felsen und die Stelle, an der die Totenflüsse zusammenfließen, wie es uns Zirze beschrieben hatte, und opferten ganz nach ihrer Vorschrift. Sobald das Blut der geopferten Schafe in die Grube floss, tauchten tief aus der Unterwelt die Seelen der Toten in die Felsenkluft herauf, in der wir uns befanden. Junge und Alte, Frauen und Kinder kamen, auch viele Krieger mit klaffenden Wunden und in blutbesudelten Rüstungen. Scharenweise umflatterten sie die Opfergrube, mit hohlem, grauenvollem Stöhnen nach Art der Schatten, sodass mich Entsetzen befiel. Schnell ermahnte ich die Gefährten, die geopferten Schafe nach Zirzes Rat zu verbrennen und zu den Göttern zu beten. Ich selbst riss das Schwert von der Hüfte und hinderte die Luftgebilde ab, vom Opferblut zu lecken, bevor ich Tiresias befragt hatte.

Zuallererst näherte sich mir die Seele unseres Freundes Elpenor, dessen Körper noch unbegraben in Zirzes Palast lag. Mit Tränen in den Augen, klagte mir der Schatten sein Schicksal und beschwor mich, zur Insel Aiaia zurückzusegeln und ihm ein ehrliches Begräbnis zu geben. Ich versprach es ihm und das Schattenbild ließ sich mir gegenüber nieder. So saßen wir in wehmütigem Gespräch, dort die Schattengestalt, hier ich, das Schwert quer über dem Opferblut haltend.

Bald gesellte sich auch der Schatten meiner Mutter zu uns, der herrlichen Antikleia, die ich noch lebend verlassen hatte, als ich nach Troja aufbrach. Sprachlos ließ sie sich nieder, auf das Blut starrend. Ihren Sohn beachtete und erkannte sie nicht.

Nun erschien die Seele des Thebaners Tiresias mit einem goldenen Stab in der rechten Hand.

Er erkannte mich sofort und sprach: ‚Edler Sohn des Laërtes, was trieb dich dazu, das Sonnenlicht zu verlassen und diesen Ort des Entsetzens zu besuchen? Aber zieh nur dein gezücktes Schwert von der Grube zurück, damit ich von dem Opferblut trinke und dir so dein Schicksal weissagen kann.‘

Bei diesen Worten wich ich von der Grube und stieß mein Schwert in die Scheide zurück.

Nun trank der Schatten von dem schwarzen Blut und fing auch bald zu wahrsagen an: ‚Du suchst bei mir, Odysseus, nach einer fröhlichen Heimkehr ins Heimatland, aber ein Gott wird sie dir schwer machen, und du kannst dich der Hand des Erderschütterers [= *Poseidon*] nicht entziehen. Du hast ihn schwer dadurch beleidigt, dass du seinem Sohn Polyphemos das Auge geblendet hast. Dennoch soll dir die Rückkehr nicht ganz abgeschnitten sein. Halte nur dein und deiner Gefährten Herz im Zaum.

Zuerst landet ihr auf der Insel Thrinakia. Wenn ihr dort die heiligen Rinder und Schafe des Sonnengottes unberührt lasst, so dürfte euch die Heimfahrt wohl gelingen. Verletzt ihr sie aber, dann sage ich deinem Schiff und deinen Freunden Verderben voraus. Wenn du selbst auch entrinnst, so kommst du spät, elend und einsam in die Heimat, auf einem fremden Schiff.

Auch dort findest du nur Jammer: übermütige Männer, die dein Gut verprassen und um deine Frau Penelope werben.

Wenn du sie mit List oder Gewalt bezwungen oder getötet hast und lange glücklich und zufrieden warst, so nimm – doch erst am Abend deines Lebens – dein Ruder auf die Schulter, und wandre immer fort und fort, bis du zu Menschen kommst, die das Meer nicht kennen, keine Schiffe haben, ihre Speise nicht mit Salz würzen. Und wenn dir dort in der Fremde ein Wanderer begegnet und dir sagt, du trügst die Schaufel des Worflers auf dem Rücken, dann stoße das Ruder in die Erde, bring dem Poseidon ein Opfer und wandre wieder heim. [*Das alte Wort „worfeln" stammt aus der Landwirtschaft und wird heute nicht mehr benutzt. Ein Worfler war eine Art Getreidereiniger.*] Endlich wird dich als alter Mann, während dein Reich blüht, ein friedlicher Tod fern vom Meer hinwegtragen.'

Dies war der Inhalt seiner Weissagung.

Ich dankte dem Seher und fragte ihn weiter: ‚Sage mir jetzt: Dort sitzt der Schatten meiner Mutter! Was kann ich tun, ehrwürdiger Greis, damit sie mich erkennt?'

Der Seher erwiderte: ‚Lass sie vom Opferblut trinken, dann wird sie ihr Schweigen bald brechen.'

Da nahm ich das Schwert von der Grube und meine Mutter trank.

Plötzlich erkannte sie mich, sah mich weinend an und sprach: ‚Lieber Sohn, wie bist du lebendig in diese Todesnacht herabgekommen? Haben dich der Ozean und die anderen furchtbaren Ströme nicht daran gehindert? Irrst du seit Trojas Fall immer noch umher und kommst nicht in deine Heimat Ithaka?'

Nachdem ich ihr berichtet hatte, befragte ich sie über ihren Tod, denn ich hatte sie lebend verlassen, als ich nach Troja zog. Ich fragte sie auch mit klopfendem Herzen, was sonst zu Hause los sei.

Und der Schatten erwiderte: ‚Deine Frau, nach der du so ängstlich fragst, wartet in deinem Hause mit unerschütterlicher Treue. Tag und Nacht weint sie um dich. Kein anderer Mann regiert, sondern dein Sohn Telemachos verwaltet dein Gut. Dein Vater Laërtes hat sich aufs Land zurückgezogen und kommt nie mehr in die Stadt. Dort schläft er nicht in einer Fürstenkammer, nicht in einem weichen Bett. Nein, neben dem Herdfeuer liegt er wie andere Knechte, auf dem Stroh, in schlechte Kleidung gehüllt, den ganzen Winter über. Im Sommer schläft er unter freiem Himmel auf einem Bündel Reisig. Und das alles tut er aus Jammer über dein Schicksal. Ich selbst bin dem Kummer über dich, mein lieber Sohn, erlegen, denn keine Krankheit hat mich dahingerafft.'

So sprach sie und große Sehnsucht erfasste mich. Als ich sie aber in die Arme schließen wollte, zerfiel sie wie ein Traum.

Nun kamen andere Schatten, viele Frauen berühmter Helden. Sie tranken alle von dem Opferblut und erzählten mir ihre Schicksale.

Als die Frauen nacheinander wieder verschwunden waren, hat mich ein Anblick zutiefst bewegt. Es kam nämlich die Seele des Völkerfürsten Agamemnon. Schwermütig bewegte sich der große Schatten zur Opfergrube und trank von dem Blut. Da sah er auf, erkannte mich und fing an zu weinen. Vergebens streckte er die Hände aus, um mich zu erreichen. In seinen Armen war keine Kraft.

Er sank zurück in die Ferne und antwortete von dort aus auf meine sehnlichen Fragen: ‚Edler Odysseus', sprach er, ‚mich hat nicht, wie du vermutest, der Zorn des Meeresgottes getötet, nicht Feinde auf der Festung haben mich bezwungen. Wie man den Stier an der Krippe erschlägt, hat mich meine Frau Klytämnestra mit ihrem Liebhaber Ägisth im Bad erschlagen, mich, der ich voll Sehnsucht in die Heimat zu Frau und Kindern gekommen war. Darum rate ich dir, Odysseus, zeige dich nicht allzu offen vor deiner Frau. Vertrau ihr aus Liebe nicht jedes Geheimnis an. Doch du hast eine kluge und treue Frau, du Glücklicher! Und das Kind, das noch ein Säugling war, als wir Griechenland verließen, dein Telemachos, wird als junger Mann voll herzlicher und kindlicher Liebe seinen Vater empfangen. Meine böse Frau hat mir nicht einmal einen Blick auf meinen Sohn gegönnt, bevor sie mich ermordete! Dennoch rate ich dir, heimlich und nicht öffentlich an Ithakas Ufer zu landen, denn keiner Frau kann man trauen!‘

Mit diesen finsteren Worten drehte sich der Schatten um und verschwand.

Nun kamen die Seelen des Achilles und seines Freundes Patroklos, des Antilochos und des großen Ajax. Zuerst trank Achilles, erkannte mich und staunte. Ich erzählte ihm, warum ich gekommen war.

Als ich aber den berühmtesten Griechen als Gebieter der Geister auch im Hades seligpries, erwiderte er missmutig: ‚Sprich nichts Tröstliches vom Tod, Odysseus! Lieber wollte ich als Tagelöhner auf Erden das Feld bestellen, ohne Eigentum und Erbe, als über alle Toten herrschen!‘

Dann musste ich ihm von den Heldentaten seines Sohnes Neoptolemos erzählen, und als er viel Gutes und Rühmliches über ihn gehört hatte, wandte sich der erhabene Schatten zufrieden wieder der Tiefe zu und verlor sich in ihr.

Auch die anderen Seelen der Toten, die inzwischen von dem Blut getrunken hatten, standen mir nun Rede und Antwort.

Nur der Schatten des Ajax, den ich einmal im Streit um Achilles’ Waffen besiegt und der sich deswegen selbst getötet hatte, stand zornig abseits.

Mit sanften Worten sprach ich ihn an: ‚Ajax, kannst du denn auch im Tod unseren Streit um Achilles’ Rüstung nicht vergessen, die die Götter den Griechen doch nur zum Fluch bestimmt hatten? Denn durch sie bist du, ein Turm in der Schlacht, gestorben, sodass wir dich neben Achilles betrauern mussten. Doch ist keiner von uns an deinem Tod schuldig. Es war ein Schicksal, das Zeus dir und uns geschickt hat. Darum, edler Fürst, bezwinge deinen Ärger. Komm näher und rede mit mir!'

Aber der Schatten antwortete nicht, sondern ging ins Dunkel zu anderen toten Seelen.

Nun sah ich auch die Schatten längst verstorbener Helden: den Totenrichter Minos, den gewaltigen Jäger Orion, der mit der Keule in der Hand Schattenbilder von Luchsen und Löwen aufscheuchte, den Tityos, dem für seine Verbrechen zwei Geier die Leber anfraßen.

Ich sah auch den Schatten des Tantalos, der durstig mitten im Wasser stand, das ihm das Kinn umspülte, aber sooft er trinken wollte, wich es zurück und versiegte, sodass der schwarze Boden unter seinen Füßen sichtbar wurde. Auch ragten Bäume voller Früchte über ihm empor: Birnen, Feigen, Granatäpfel, Oliven, Äpfel. Wenn er sie aber hungrig pflücken wollte, schwang der Sturm die Äste hoch zu den Wolken, und seine Hand griff ins Leere.

Auch Sisyphos sah ich, der sich vergeblich abmühte: Er versuchte, ein großes Felsenstück einen Berg hochzuschieben. Er stemmte sich mit Händen und Füßen gegen den Berg, arbeitete sich ab und wälzte den Stein die Berghöhe hinauf. Sooft er aber schon glaubte, es geschafft zu haben, rutschte ihm das Felsstück aus den Händen und rollte den Berg wieder hinunter. Da begann er seine Anstrengung von vorn, schweißgebadet und staubig.

Neben ihm stand der Schatten des Herakles, doch nur sein Schatten, denn er selbst lebt als Mann der Jugendgöttin ein seliges Leben unter den Olympischen. Sein Schatten aber stand finster wie die Nacht, hielt den Pfeil auf der Bogensehne und blickte schrecklich um sich, als wollte er ihn gegen einen Feind abschießen. Ein prächtiges Wehrgehenk, geschmückt mit allerlei Tiergestalten, hing ihm über die Schultern.

Auch er verschwand und nun kam noch ein ganzes Gedränge anderer Heldenseelen. Gern hätte ich Theseus und seinen Freund Peirithoos erkannt. Aber bei dem grauenvollen Getöse der unzähligen Scharen überkam mich plötzlich eine solche Furcht, als streckte mir Medusa ihr Gorgonenhaupt entgegen.

Eilig verließ ich mit meinen Gefährten die Kluft und wandte mich wieder dem Ufer des Okeanos und unserem Schiff zu. Dann segelten wir, wie ich es dem Schatten Elpenors versprochen hatte, zu Zirzes Insel zurück.“

Odysseus erzählt von den Sirenen, von Skylla und Charybdis, Thrinakia und den Herden des Sonnengotts, vom Schiffbruch und von seiner Zeit bei Kalypso

„Nachdem wir die Überreste unseres verunglückten Gefährten“, fuhr Odysseus fort, „auf der Insel Aiaia verbrannt und bestattet, dem Toten einen Grabhügel aufgehäuft und eine Denksäule aufgestellt hatten, wurden wir von Zirze sehr freundlich empfangen und bewirtet. Dann warnte sie uns vor allerlei Gefahren und versorgte uns mit reichlich Lebensmitteln, bevor wir so aufs Beste ausgestattet weitersegelten.

Das erste Abenteuer, das wir zu bestehen hatten und das uns Zirze vorausgesagt hatte, erwartete uns an der Insel der Sirenen. Sie sind singende Nymphen, die jeden bezaubern, der ihr Lied hört. Sie sitzen am grünen Ufer ihrer Insel und singen ihre Zauberlieder den Vorüberfahrenden vor. Wer sich zu ihnen hinüberlocken lässt, ist ein Kind des Todes, und man sieht deswegen an ihrem Ufer reichlich modernde Knochen herumliegen.

An der Insel dieser verführerischen Nymphen angekommen, blieb unser Schiff stehen, denn der Fahrtwind, der uns bisher vorwärtsgetrieben hatte, hörte mit einem Mal auf zu wehen und das Wasser schimmerte wie ein Spiegel.

Meine Begleiter nahmen die Segel von den Stangen, falteten sie zusammen, legten sie im Schiff auf den Boden und setzten sich ans Ruder, um das Schiff so vorwärtszubringen.

Ich aber dachte an Zirzes Worte, die dies alles vorausgesagt hatte: ‚Wenn du an die Insel der Sirenen kommst und ihr Gesang euch bedroht, so verklebe die Ohren deiner Freunde mit Wachs, damit sie nichts hören. Möchtest du aber selbst ihr Lied hören, so befiehl, dass man dich, an Händen und Füßen gefesselt, an den Mast bindet. Und je sehnlicher du deine Freunde bittest, dich loszubinden, desto fester sollen sie die Seile schnüren!‘

Daran dachte ich jetzt, zerschnitt eine große Wachsscheibe und knetete sie mit flinken Fingern. Das weiche Wachs strich ich dann meinen Reisegefährten in die Ohren.

Sie aber banden mich auf meine Anordnung aufrecht unten an den Mast. Dann setzten sie sich wieder an die Ruder und trieben das Schiff vorwärts.

Als die Sirenen das Schiff heranschwimmen sahen, standen sie als reizende Mädchen am Ufer und stimmten mit süßen Stimmen ihren hellen Gesang an. Der lautete so:

Komm, hochgepriesener Odysseus,
du Ruhm der Griechen.
Lenke das Schiff an Land, um unsere Stimmen zu hören.

Denn noch keiner ruderte hier vorbei,
ehe er aus unserem Mund
unsere Honigstimmen hörte.
Und wer sie hörte, kehrte fröhlich zurück
und war klüger als zuvor.
Denn wir wissen alles, was in den Ebenen vor Troja
die Söhne Griechenlands und die Trojaner
von den Göttern erduldet haben.
Alles, was auch immer geschah auf der Erde.

So sangen sie. Mir aber klopfte das Herz, und ich konnte nicht widerstehen, sie zu hören. Ich winkte meine Freunde herbei und gab ihnen Zeichen, dass sie mich losbinden sollten. Aber sie mit ihren tauben Ohren legten sich nur umso mächtiger ins Ruder. Zwei von ihnen, Eurylochos und Perimedes, kamen herbei und legten mir, wie ich früher befohlen hatte, noch viel stärkere Stricke an und schnürten auch die alten fester zusammen.

Erst als wir glücklich vorübergesteuert und ganz außer Hörweite der Sirenenstimmen waren, nahmen meine Freunde sich selbst das Wachs aus den Ohren und banden mich los. Ich aber dankte ihnen herzlich für ihre Beharrlichkeit.

Kaum waren wir eine Weile weitergerudert, als ich von fern Gischt und eine mächtige Brandung bemerkte. Das war die Charybdis, ein täglich dreimal unter einem Fels hervorquellender und wieder zurückfließender Strudel, der jedes Schiff verschlingt, das in seinen Rachen gerät. Meine Begleiter ließen vor Schreck die Ruder aus der Hand fallen, die mit dem Strom flossen. Da stand das Schiff still. Nachdem die

Gefährten die Ruder wieder eingefangen hatten, sprang ich von meinem Sitz auf, lief über das Deck und sprach den Freunden Mut zu.

‚Liebe Freunde‘, sagte ich, ‚wir sind ja keine Neulinge in puncto Gefahr. Was auch kommen mag, ein größeres Leid als in der Höhle des Zyklopen kann uns nicht treffen, und doch half euch dort meine Klugheit heraus. Darum hört nur alle auf mich. Bleibt fest auf euren Bänken sitzen und schlagt mutig mit den Rudern auf die Brandung los. Ich denke, Zeus hilft uns durch schnelle Flucht aus dieser Not. Du aber, Steuermann, konzentriere dich, und lenke das Schiff durch Schaum und Brandung, so gut du kannst! Arbeite dich an dem Fels entlang, damit du nicht in den Strudel gerätst.‘

So hatte ich die Freunde vor dem Strudel Charybdis gewarnt, von dem mir Zirze erzählt hatte. Aber von dem Ungeheuer Skylla, das gegenüber drohte, schwieg ich wohlweislich. Ich fürchtete, die Gefährten könnten vor Schreck wieder die Ruder fallen lassen und sich im Inneren des Schiffes zusammendrängen.

Einen anderen Rat, den Zirze mir gegeben hatte, hatte ich jedoch vergessen. Sie hatte mir nämlich verboten, mich zum Kampf mit diesem Ungeheuer zu rüsten. Ich aber hüllte mich in meine volle Waffenrüstung, nahm zwei Speere in die Hand und stellte mich so an Deck, um dem herankommenden Ungeheuer zu begegnen. Aber obwohl mir die Augen vom Umherschauen brannten, konnte ich sie doch nicht entdecken, und so fuhr ich denn voll Todesangst in die immer enger werdende Meeresstraße hinein.

Skylla hatte mir Zirze so geschildert: ‚Sie ist kein sterblicher Gegner, vielmehr ein unsterbliches Unheil. Tapferkeit kann gegen sie nichts ausrichten. Die einzige Rettung ist, ihr zu entfliehen. Sie wohnt gegenüber der Charybdis in einem spitzen, hohen Fels, ewig von dunklen Wolken umfangen, von keinem Sonnenstrahl erleuchtet und ganz aus glattem Stein aufgetürmt. Mitten in diesem Fels ist eine Höhle, schwarz wie die Nacht. Darin haust die Skylla und macht sich nur durch ein fürchterliches Bellen bemerkbar, das übers Wasser schallt wie das Geschrei eines neugeborenen Hundes. Dieses Ungeheuer hat zwölf unförmige Füße und sechs Schlangenhälse, auf jedem grinst ein scheußlicher Kopf mit drei dichten Reihen von Zähnen, die sie fletscht, um ihre Opfer zu zermalmen. Sie steckt halb in der Felsenkluft, ihre Köpfe aber streckt sie schnappend aus dem Abgrund hervor und fischt nach Seehunden, Delfinen und wohl auch größeren Tieren des Meeres. Noch nie ist ein Schiff ohne Verlust an ihr vorbeigekommen. Gewöhnlich hat sie, ehe sich's der Schiffer versieht, in jedem Rachen einen Mann zwischen den Zähnen, den sie aus dem Schiff geraubt hat.'

Dieses Bild sah ich im Geiste vor mir und starrte vergebens umher.

Inzwischen waren wir mit dem Schiff ganz nah an die Charybdis geraten, die die Flut mit ihrem gierigen Rachen einschlürfte und wieder ausspuckte. Sie brauste wie ein Kessel über dem Feuer, und weißer Schaum flog hoch, solange sie die Flut herausbrach. Wenn sie dann die Wellen wieder hinunterschluckte, senkte sich das trübe Wassergemisch ganz in die Tiefe, der Fels donnerte und man konnte in einen Abgrund von schwarzem Schlamm hinuntersehen.

Während nun unsere Blicke mit starrem Entsetzen auf dieses Schauspiel gerichtet waren und wir unwillkürlich mit dem Schiff nach links auswichen, waren wir plötzlich der bisher nicht entdeckten Skylla zu nahe gekommen, und ihre Rachen hatten mit einem Zug sechs meiner tapfersten Gefährten von Bord weggeschnappt. Ich sah sie mit zappelnden

Händen und Füßen zwischen den Zähnen des Ungeheuers hoch in die Lüfte gerissen. Noch aus dem Rachen heraus riefen sie meinen Namen und schrien um Hilfe. Im nächsten Augenblick waren sie zermalmt. Wie viel ich auch schon auf meiner Irrfahrt erduldet habe, etwas Schrecklicheres habe ich nicht gesehen!

Schließlich aber hatten wir es glücklich zwischen dem Strudel der Charybdis und dem Felsen der Skylla hindurchgeschafft.

Nun lag die in der Sonne glänzende Insel Thrinakia vor uns und schon vom Meer aus hörten wir das Gebrüll der heiligen Rinder des Sonnengottes und das Blöken seiner Schafe.

Durch so viel Unglück erfahren, dachte ich auf der Stelle an die Warnung des blinden Tiresias in der Unterwelt und erklärte den Gefährten, dass er und Zirze mich gewarnt hatten. Wir sollten die Insel des Helios meiden, weil uns dort das allerjämmerlichste Schicksal bedrohe.

Diese Erklärung betrübte meine Begleiter, über die Maßen, und Eurylochos sagte ärgerlich: ‚Du bist doch ein grausamer Mann, Odysseus, unbeugsam und ganz aus Stahl! Wir sind alle vor Anstrengung und Müdigkeit entkräftet, und du willst uns im Ernst nicht gönnen, einen Fuß an Land zu setzen und uns auf dieser Insel mit Speise und Trank zu stärken? Wir sollen in der Stille der Nacht hinausfahren übers schwarze Meer? Wenn nun plötzlich im Dunkeln der ungestüme Südwind oder der pfeifende Westwind herangewirbelt käme? Lass uns wenigstens diese finstere Nacht am Ufer vor Anker gehen, das uns so gastfreundlich zuwinkt!‘

Als ich diesen Widerspruch hörte, merkte ich, dass ein feindseliger Gott Böses über uns beschlossen hatte.

Ich sagte daher nur: ‚Eurylochos, es ist keine Kunst, mich zu zwingen, ich allein gegen viele. So gebe ich euch denn nach. Aber ihr müsst mir hoch und heilig schwören, kein Rind oder auch nur Schaf des Sonnengottes zu schlachten, wenn ihr auf seine Herden trefft. Jeder soll sich mit der Nahrung begnügen, mit der uns die gute Zirze versorgt hat!‘

Alle schworen gern.

Darauf ließen wir das Schiff in eine Bucht einlaufen, aus der süßes Wasser ins gesalzene Meer floss.

Alle gingen an Land, und es dauerte nicht lange, bis das Abendessen fertig war.

Nach dem Mahl beweinten wir die Freunde, die von Skylla verschlungen worden waren, aber mitten unter den Tränen überwältigte uns müde Seefahrer der Schlaf.

Zwei Drittel der Nacht waren vorüber, als Zeus einen entsetzlichen Sturm schickte, sodass wir mit der Morgenröte eilig unser Schiff in einer Meeresgrotte in Sicherheit brachten.

Noch einmal warnte ich die Gefährten davor, ein Rind zu töten, denn bei der ungestümen Witterung sahen wir einem längeren Aufenthalt auf der Insel entgegen.

Und tatsächlich blieben wir einen vollen Monat, weil ein ständiger Südwind blies, der nur für kurze Zeit mit dem Ostwind abwechselte. Aber einer gefiel uns so wenig wie der andere.

Solange von Zirzes Vorrat noch Essen und Trinken übrig war, hatten wir keine Not. Als wir aber alle Nahrung aufgezehrt hatten und der Hunger sich bei uns einstellte, gingen meine Begleiter anfangs auf Fisch- und Vogelfang aus. Ich selbst machte auch einen Ausflug am Ufer entlang, um zu sehen, ob mir nicht ein Gott oder ein Sterblicher begegnen würde, der mir einen Ausweg aus dieser Not zeigte.

Als ich weit genug von den Freunden entfernt war und ganz von Einsamkeit umgeben, wusch ich meine Hände im Wasser, um sie sauber hochstrecken zu können, warf mich demütig auf die Knie und flehte zu allen Göttern um Rettung. Sie aber schickten mir einen erholsamen Schlaf.

Während ich nun so fern war, erhob sich Eurylochos unter meinen Begleitern und gab ihnen einen verhängnisvollen Rat: ‚Hört mir zu, schwer bedrängte Freunde! Zwar ist jeder Tod schrecklich, aber das entsetzlichste Schicksal ist doch der Hungertod. Warum denken wir also noch darüber nach, die schönsten der Rinder des Helios den Göttern zu opfern und uns am übrig bleibenden Fleisch zu sättigen? Sind wir erst glücklich nach Ithaka gekommen, so wollen wir den Gott schon versöhnen, ihm einen herrlichen Tempel bauen und kostbare Weihegeschenke darin aufstellen. Schickt er uns aber in seinem ersten Zorn einen Sturm und bohrt unser Schiff in den Grund - nun, so will ich lieber von einem Augenblick zum anderen meinen Atem im Meer aushauchen, als so jämmerlich auf dieser einsamen Insel verhungern!‘

Diese Worte gefielen meinen hungrigen Gefährten. Sofort brachen sie auf und trieben die allerbesten Rinder aus der Herde des Sonnengottes herbei, die in der Nähe grasten. Nachdem sie zu den Göttern gefleht hatten, schlachteten sie die Tiere, nahmen sie aus und brachten die Eingeweide den Unsterblichen als Opfer dar.

Wein zum Trankopfer hatten sie keinen, weil die Vorräte

längst aufgebraucht waren. Die Eingeweide und Schenkel wurden daher nur mit Quellwasser besprengt.

Die reichlichen Überreste steckten sie an Spieße und setzten sich gerade zum Mahl hin, als ich herankam und mir der Opferduft schon von Weitem in die Nase kroch.

Da jammerte ich zum Himmel empor: ‚Oh Vater Zeus und ihr anderen Himmlischen! Zum Fluch habt ihr mich in Schlaf versetzt. Denn was haben meine Freunde nur getan, während ich schlief!'

Inzwischen war dem Sonnengott durch eine dienende Göttin schon die Nachricht von dem großen Übel zugekommen, das an seinem Heiligtum verübt worden war. Zornig trat er in den Kreis der Olympischen und klagte ihnen die Widerwärtigkeit.

Zeus selbst fuhr zornig von seinem Thron auf, als er das hörte, zumal Helios drohte, den Sonnenwagen zum Hades hinabzulenken und der Erde nicht mehr zu leuchten, wenn die Verbrecher nicht voll zur Rechenschaft gezogen und hart bestraft würden.

‚Leuchte du', sagte Zeus zu ihm, ‚wenigstens den Göttern und Menschen, Helios. Ich will das Schiff der verfluchten Räuber bald mit meinem Donnerkeil treffen, sodass es in Trümmer bricht und zerschmettert in den Abgrund sinkt!'

Von diesen Worten des Zeus hat mir die edle Göttin Kalypso berichtet, die von der Untat durch ihren Freund, den Götterboten Hermes, erfahren hat.

Als ich nun beim Schiff und den Gefährten angekommen war, fuhr ich sie an und schimpfte gewaltig mit ihnen. Leider aber war alles zu spät und die Rinder lagen geschlachtet vor mir.

Aber entsetzliche Wunderzeichen bezeugten das Verbrechen: Die Häute krochen umher, als wären sie lebendig. Das rohe und gebratene Fleisch an den Spießen brüllte, wie Rinder brüllen.

Doch meine hungrigen Begleiter scherten sich nicht darum. Sechs Tage hintereinander schmausten sie. Erst am siebten Tage, als es kein Donnerwetter zur Strafe mehr zu geben schien, bestiegen wir wieder das Schiff und fuhren aufs offene Meer hinaus.

Als wir dahinsegelten und das Land schon längst aus den Augen verloren hatten, breitete Zeus direkt über unseren Köpfen ein schwarzblaues Wolkenmeer aus, und das Meer unter uns wurde immer dunkler.

Plötzlich brach ein wütender Orkan aus Westen auf uns los. Beide Taue des Mastbaums zerrissen, sodass er krachend umfiel und das Segel mitriss. Die ganze Last stürzte dem Steuermann auf den Kopf und zertrümmerte ihm den Schädel, sodass er ins Meer hinabsank und die Wellen den Leichnam verschlangen.

Jetzt fuhr ein Blitz mit knallendem Donner auf das Schiff hernieder und schlug ein, sodass es voller Schwefeldampf war. Meine Freunde stürzten aus dem Schiff und zappelten wie schwimmende Krähen darum herum, tauchten auf und nieder und versanken schließlich alle.

Bald war ich ganz allein auf dem Schiff und irrte darauf

umher, bis die Flanken sich vom Kiel ablösten. So fuhr das offene Wrack dahin.

Ich aber war noch bei Bewusstsein, ergriff ein ledernes Seil, das noch am Mast herunterhing, und band damit Mast und Kiel zusammen. Dann setzte ich mich darauf und ließ mich im Namen der Götter von dem tobenden Sturm herumschleudern.

Endlich hörte der Orkan auf zu wüten und der Westwind legte sich. Darüber erhob sich aber der Südwind und versetzte mich in neue Angst, denn nun war ich in Gefahr, wieder zu Skylla und Charybdis getrieben zu werden.

Und dies geschah auch: Kaum dämmerte der Morgen, als ich Skyllas spitzen Säulenfels entdeckte und die grässliche aus- und einsprudelnde Charybdis gegenüber sah. Diese verschlang, als ich bei ihr angekommen war, augenblicklich mit ihrem Strudel den Mast.

Ich ergriff die Äste eines von ihrem Fels überhängenden Feigenbaums, hielt mich daran fest und hing da in der Luft wie eine Fledermaus.

So schwebte ich über der Charybdis, bis Mast und Kiel wieder aus ihrem Schlund hervorsprudelten. Darauf hatte ich gewartet. Ich war mit einem Sprung wieder auf meinem alten Sitz und ruderte nun auf dem schmalen Kiel mit den Händen auf dem Wirbel fort.

Dennoch wäre ich verloren gewesen, wenn Zeus' Gnade meinen Balken nicht von dem Fels der Skylla abgelenkt und glücklich aus dem Felsenschlund hinausgeführt hätte.

Neun Tage trieb ich nun noch auf dem See umher. In der zehnten Nacht brachten mich gnädige Götter endlich auf Kalypsos Insel Ogygia.

Diese erhabene Göttin pflegte und stärkte mich.

Doch warum soll ich euch davon erzählen? Ich habe doch schon gestern dir, edler König, und deiner Frau von diesem meinem letzten Abenteuer berichtet!“

Odysseus verabschiedet sich von den Phäaken

Odysseus hatte seine lange Erzählung beendet und ruhte sich nun davon aus. Die Phäaken, die begeistert zugehört hatten, hingen noch seinen Worten nach und schwiegen auch.

Schließlich brach Alkinoos das Schweigen und sprach: „Glück und Segen dir, edelster Gast, den mein Königshaus jemals aufgenommen hat! Da du in meinem Palast eingekehrt bist, so hoffe ich, du wirst nun nicht mehr vom rechten Weg in die Heimat abkommen und bald im Haus deiner Väter alles Elend, das du erlitten hast, vergessen! Hört nun auch ihr, liebe Freunde und beständige Gäste meines Palastes! In einer schönen Truhe liegen bereits herrliche Kleidungsstücke für unseren edlen Gast bereit, dazu kunstvoll gearbeitetes Gold und manches andere Geschenk von mir und den Fürsten unter euch. Hierzu füge jeder von uns noch einen großen Dreifuß und ein Becken. Die Volksversammlung wird uns für diese großen Geschenke genügend entschädigen!“

Allen gefiel diese Rede und die Versammlung der Gäste wurde aufgehoben.

Am nächsten Morgen brachten die Phäaken sämtliche Geschenke auf das Schiff, und Alkinoos selbst stellte sie sorgfältig unter die Bänke, damit die Ruderer nicht dadurch behindert würden.

Hierauf kehrten die Freunde miteinander in den Palast des Königs zurück und dort wurde das Abschiedsmahl vorbereitet.

Nach dem Opfer, das Zeus von dem geschlachteten Rind dargebracht wurde, begann das Festmahl, und der vom ganzen Volk hochgeehrte blinde Sänger Demodokos sang herrliche Lieder dazu.

Odysseus aber war nicht ganz bei der Sache. Er schaute oft durch die Fenster des Saales nach dem Stand der Sonne und wünschte sehnlich ihren Untergang. Er sehnte ihn so sehr herbei wie ein Bauer, der den ganzen Tag auf dem Acker gepflügt hat und sich hungrig nach dem Abendessen sehnt.

Und endlich sprach er ohne Scheu zu seinem königlichen Wirt: „Hochgeehrter Alkinoos, gieß das Trankopfer aus und entlasse mich! Du hast mir ja schon meinen Herzenswunsch erfüllt. Die Geschenke liegen auf meinem Schiff, die Fahrt ist bereit. Mögen die Himmlischen dich segnen. Möge ich meine Frau treu zu Hause finden und Kind, Verwandte und Freunde wohlbehalten!“

In seinen Wunsch stimmten alle Phäaken laut und von Herzen ein.

Alkinoos befahl dem Herold Pontonoos, allen Gästen die Becher noch einmal zu füllen. Nun stand jeder von seinem Sitz auf und wie auf ein Zeichen brachten sie das Trankopfer für die glückliche Rückkehr ihres Gastes den olympischen Göttern dar.

Da erhob sich Odysseus, reichte seinen Becher Königin Arete und sprach: „Lebe wohl für immer, hohe Königin, bis dich Alter und Tod, die allen Menschen bevorstehen, langsam beschleichen! Ich kehre jetzt heim. Erfreue du dich zu Hause an deinen Kindern, deinem Volk und deinem edlen Mann!“

So sprach Odysseus und verließ den Palast. Auf Befehl des Königs, der ihm herzlich die Hand zum Abschied drückte, begleiteten ihn ein Herold und auf Aretes Wunsch drei Dienerinnen bis ans Schiff. Die eine trug die schöne Kleidung, die andere die verschlossene Truhe, die dritte Speise und Wein. Alles wurde gut im Schiff verstaut. Auf dem Verdeck wurde ein zotteliges Fell und Leinwand darüber ausgebreitet.

Darauf legte sich Odysseus schweigend zum Schlaf nieder.

Die Ruderer setzten sich auf die Bänke. Das Schiff wurde losgebunden und segelte fröhlich unter dem Schlag der Ruder dahin.

ODYSSEUS' RACHE

Odysseus kommt nach Ithaka

Odysseus' Schlaf war süß, aber auch so tief wie der Tod. Das Schiff flog schnell und sicher dahin, wie ein Wagen mit vier Hengsten durch die Ebene oder wie ein Habicht durch die Luft. Es war, als wüsste es, welchen Schatz es mit dem Mann trug, der in Klugheit mit den Himmlischen wetteiferte und mehr Leiden erduldet hatte als sonst irgendein Sterblicher. Jetzt aber hatte er im ruhigsten Schlaf alles vergessen, was er jemals in Schlachten und auf dem Meer Bitteres erfahren hatte.

Als der Morgenstern am Himmel stand und den Tag ankündigte, steuerte das Schiff schon zügig auf die Insel Ithaka zu, und bald lief es in die sichere Bucht ein, die dem Meeresgott Phorkys geweiht war. Zwei Landspitzen mit gezackten Felsen liefen hier zu beiden Seiten in das Meer hinaus und bildeten für die Schiffe einen sicheren Hafen.

Im Mittelpunkt der Bucht stand ein schattiger Ölbaum, neben dem eine Grotte lag, in der tief im Inneren verborgen Meeresnymphen lebten. In der Grotte standen Krüge und Vasen aus Stein aufgereiht, in denen Bienen Honig bereiteten. Auch Webstühle aus Stein konnte man da sehen, mit purpurroten Fäden bezogen, die die Nymphen zu wundervollen Kleidern woben. Zwei nie versiegende Quellen schlängelten sich durch die Grotte, die zwei Eingänge hatte: einen nach Norden für die Menschen, nach Süden eine verborgene

Öffnung für die unsterblichen Nymphen, die nie ein Sterblicher betrat.

Bei dieser Höhle landeten die Phäaken, hoben den schlafenden Odysseus mitsamt Teppich und Polster aus dem Schiff und legten ihn vor der Grotte unter dem Ölbaum im Sand nieder. Hierauf holten sie alle Gaben vom Schiff, die Alkinoos und seine Fürsten Odysseus als Geschenke mitgegeben hatten. Sie legten alles sorgfältig abseits vom Weg hin, damit nicht etwa ein vorübergehender Wanderer den Schlafenden berauben konnte. Odysseus aus dem Schlaf zu wecken, wagten sie nicht, denn er schien ihnen von den Göttern selbst zu ihnen geschickt.

Schließlich setzten sie sich wieder ans Ruder und fuhren zurück in Richtung Heimat.

Aber der Meeresgott Poseidon war wütend auf die Phäaken, weil sie ihm mithilfe von Pallas Athene seine Beute [= *Odysseus*] entrissen hatten. Er erbat sich vom Göttervater die Erlaubnis, an ihrem Schiff Rache nehmen zu dürfen. Zeus gönnte sie ihm, und als das Schiff der Insel Scheria, dem Land der Phäaken, schon ganz nah war und mit vollen Segeln daherfuhr, stieg Poseidon aus den Wellen, schlug es mit der flachen Hand und verschwand wieder in der Tiefe des Meeres.

Das Schiff aber wurde mit allem, was darauf war, plötzlich in einen Felsen verwandelt und wurzelte im Meeresboden fest. Die Phäaken, die auf die Nachricht, dass ihre Landsleute zurückkommen, zum Strand gelaufen waren, konnten nicht genug staunen, als das Schiff, das eben noch in voller Fahrt unterwegs war, plötzlich stillstand.

Aber Alkinoos sprach: „Bestimmt erfüllt sich jetzt an uns die uralte Prophezeiung, von der mir mein Vater erzählt hat.

Poseidon sei zornig auf uns, weil wir erfahrenen Schiffer jeden Fremden glücklich in seine Heimat bringen. Einst aber werde ein phäakisches Schiff, das von einer solchen Begleitung heimkehre, von ihm am Ufer versteinert werden und unsere Stadt als ein Felsenkamm umringen. Darum wollen wir in Zukunft keine Fremden mehr nach Hause begleiten, die in unsere Stadt kommen und um Schutz bitten. Dem zornigen Meeresgott aber wollen wir zwölf Stiere opfern, damit er sich erbarmt und unsere Stadt nicht ganz mit einem Felsengebirge einschließt."

Die Phäaken erschraken, als sie dies hörten, und bereiteten in aller Eile das Opfer vor.

An Ithakas Strand war Odysseus inzwischen vom Schlaf erwacht. Aber da er so lange schon nicht mehr in der Heimat gewesen war, erkannte er sie nicht mehr.

Außerdem hatte Pallas Athene einen Nebel um ihn gebildet, damit seine Frau und seine Mitbürger ihn nicht erkennen konnten, bevor die Brautwerber ihre Übeltaten gebüßt hatten.

So erschien denn jetzt dem Helden alles fremd: die sich schlängelnden Pfade, die Meeresbuchten, die zum Himmel aufragenden Felsen, die Bäume mit ihren hohen Wipfeln.

Er stand vom Boden auf, blickte ängstlich umher, schlug sich an die Stirn und rief klagend: „Ich Unglücklicher, in welche neue Fremde bin ich wieder gekommen, unter welche Ungeheuer von Menschen? Wohin rette ich mich mit den Geschenken? Wär ich doch bei den Phäaken geblieben, wo ich so freundlich behandelt worden bin! Jetzt aber haben sie mich auch wohl verraten: Sie versprachen, mich nach Ithaka zu bringen, und haben mich hier in dem fremden Land ausgesetzt. Möge Zeus an ihnen Rache üben! Bestimmt haben sie mich auch bestohlen!“

Er blickte um sich, sah Dreifüße, Becken, Gold, Kleider, alles in bester Ordnung stehen und liegen, fing an zu prüfen und zu zählen. Und siehe da, nichts fehlte.

Als er nun, nachdenklich und die Heimat betrauernd, am Strand umherirrte, kam die Göttin Athene zu ihm in Gestalt eines jungen Mannes, eines Schafhirten, aber wie ein Königssohn fein gekleidet und mit einem Spieß in der Hand.

Odysseus war froh, einem Menschen zu begegnen, und fragte ihn mit freundlichen Worten, wo er sei, auf dem Festland oder einer Insel.

„Du musst von weit her kommen“, antwortete die Göttin, „wenn du erst nach dem Namen dieses Landes fragen musst. Ich versichere dir, man kennt es im Westen und im Osten. Zwar ist es gebirgig und man kann hier keine Pferde halten wie in Griechenland. Arm ist es aber deshalb nicht. Wein und Getreide gedeihen herrlich. Ziegen und Rinder gibt es in Menge, dazu die schönsten Wälder und Quellwasser genug. Auch durch seine Bewohner ist es berühmt geworden. Frage nur im trojanischen Land, das doch fern genug ist. Auch dort kann man dir etwas von der Insel Ithaka erzählen!“

Wie freute sich Odysseus, als er den Namen seiner Heimat hörte! Doch hütete er sich wohl, dem vermeintlichen Hirten sofort seinen Namen zu nennen. Er gab vor, mit der Hälfte seines Besitzes von Kreta zu kommen, der fernen Insel, wo er die andere Hälfte bei seinen Söhnen zurückgelassen hätte. Er habe den Räuber seines Hab und Gutes getötet, und so sei er gezwungen gewesen, aus der Heimat zu flüchten. So erzählte er eine lange Geschichte.

Als er fertig war, lächelte Pallas Athene, streichelte ihm

über die Wange und verwandelte sich plötzlich in eine schöne, schlanke junge Frau.

„Wahrhaftig“, sprach sie zu ihm, „das müsste ein Ausbund an Schlauheit sein, der dich mit List besiegte, und wenn es auch eine Gottheit wäre! Selbst im eigenen Land legst du die Verstellung nicht ab! Doch reden wir nicht länger davon; bist du doch der klügste aller Sterblichen wie ich die klügste unter den Göttern. Mich hast du aber doch nicht erkannt, hast nicht geahnt, dass ich auch zuletzt noch in allen Gefahren neben dir stand und dir die Liebe des Phäakenvolks schenkte. Und jetzt bin ich gekommen, um dir zu helfen, die Gaben zu verstecken. Und außerdem, um dir zu sagen, welche Prüfungen dich im eigenen Palast erwarten, und mit dir darüber zu beraten.“

Staunend sah Odysseus die Göttin an und antwortete ihr: „Wie sollte auch ein Sterblicher dich erkennen, erhabene Tochter des Zeus, wenn du in allerlei Gestalten verkleidet ihm begegnest! Ich habe dich in deiner eigenen Gestalt nicht mehr gesehen, seit Troja zerstört wurde. Jetzt aber beschwöre ich dich bei deinem Vater: Sage mir, ist es wirklich wahr, dass ich im geliebten Heimatland bin, und tröstest du mich nicht mit einer Täuschung?“

„Überzeuge dich mit deinen eigenen Augen“, antwortete Athene. „Erkennst du nicht die Bucht des Phorkys, den Ölbaum dort, die Nymphengrotte, wo du so manche Opfer dargebracht hast. Und das finstere Waldgebirge ist das dir wohlbekannte Neriton!“

So sprach Athene und zerstreute schnell den Nebel vor den Augen des Helden, sodass das Heimatland klar vor ihm lag.

Erfreut warf sich Odysseus auf die mütterlicher Erde nieder, um sie zu küssen, und betete zu den Nymphen, den Schutzgottheiten des Ortes, wo er stand.

Hierauf half ihm die Göttin, die Gaben, die er mitgebracht hatte, in der Felskluft zu verbergen. Und als alles gut versteckt und ein Stein davorgewälzt war, setzten sich Göttin und Held unter den Olivenbaum und berieten über den Untergang der Brautwerber. Von ihrem frechen Benehmen in seinem eigenen Haus sowie von der Treue seiner Frau erstattete Athene ihrem Schützling ausführlich Bericht.

„Hättest du mir nicht all dies berichtet, gnädige Göttin, so hätte mich zu Hause ein ebenso schändlicher Tod erwartet wie Agamemnon in Mykene. Wenn aber du mir ernsthaft hilfst, so fürchte ich als einzelner Mann selbst dreihundert Feinde nicht."

Hierauf erwiderte die Göttin: „Keine Sorge, mein Freund. Niemals werde ich dich im Stich lassen. Vor allen Dingen will ich dafür sorgen, dass kein Mensch auf dieser Insel dich erkennt. Deine stattliche Gestalt soll zusammenschrumpfen, dein braunes Haar vom Kopf verschwinden. Ich hülle dich in einen Kittel, in dem jeder dich nur mit Abscheu ansieht. Deine strahlenden Augen mach ich stumpf, sodass du nicht nur den Brautwerbern, sondern auch deiner Frau und deinem Sohn ganz entstellt erscheinst.

Als Erstes sollst du deinen treuesten Untertan aufsuchen, den Hirten, der die Schweine bewacht und mit ganzer Seele an dir hängt. Bei der Quelle Arethusa am Koraxfelsen wirst du ihn finden, wie er seine Herde hütet. Dort setzt du dich zu ihm und erkundigst dich nach allem, was zu Hause vorgeht.

Unterdessen eile ich nach Sparta und rufe deinen lieben Sohn Telemachos zurück, der dort bei Fürst Menelaos nach deinem Schicksal geforscht hat."

„Warum hast du ihm nicht lieber gleich alles gesagt", fragte Odysseus etwas ärgerlich, „da dir doch alles bekannt war? Sollte etwa auch er im Elend auf dem Ozean umherirren wie ich, während Fremde seinen Besitz verprassen?"

Aber die Göttin sprach ihm Mut zu, tröstete ihn und sagte: „Hab keine Angst um deinen Sohn, mein Lieber! Ich selbst habe ihn begleitet, und meine Absicht bei seiner Reise war, den Jungen in der Fremde zu bilden und ihn Ruhm gewinnen zu lassen, damit auch er den Brautwerbern als ein Mann entgegentreten konnte. Es bedrückt ihn auch nichts. Er sitzt ruhig in Menelaos' Palast und ihm fehlt nichts, was er sich wünscht. Es ist wahr, die Brautwerber haben ihm zu Schiff einen Hinterhalt gestellt und wollen ihn umbringen, bevor er die Heimat wieder erreicht. Ich aber fürchte nichts für ihn. Ehe dies geschieht, werden noch viele der Brautwerber selbst sterben!"

So sprach die Göttin und berührte ihn leicht mit ihrem Stab, worauf er sogleich zusammenschrumpfte und in einen zerlumpten, schmutzigen Bettler verwandelt wurde.

Sie reichte ihm den Bettelstab und einen garstigen, zerflickten Ranzen an einem geflochtenen Trageband und verschwand.

Odysseus bei dem Sauhirten

In dieser neuen Gestalt wanderte der völlig unkenntlich gemachte Held über die Höhen des Waldgebirges zu der Stelle, die ihm seine Beschützerin genannt hatte und wo er wirklich den treuesten seiner Knechte antraf, den Sauhirten Eumaios.

Er fand ihn auf der Hochebene des Gebirges, wo er seiner Herde aus schweren Steinen, die er selbst herbeigeschleppt hatte, ein Gehege errichtet hatte. Darin befanden sich nebeneinander zwölf Schweinekoben; in jedem lagen fünfzig Mutterschweine für die Zucht.

Die viel weniger männlichen Schweine ruhten außerhalb

der Ställe. Die Brautwerber forderten nämlich Tag für Tag vom Sauhirten einen gemästeten Eber für ihre Mahlzeiten. Inzwischen waren es nur noch dreihundertsechzig.

Vier Hunde bewachten die Herde, die so wild aussahen wie reißende Wölfe.

Der Sauhirt war gerade damit beschäftigt, sich schönes Stierleder zu Sandalen zu schneiden. Seine Knechte hatten sich alle zerstreut: Drei waren mit den ausgetriebenen Schweinen auf der Weide, ein vierter war in die Stadt geschickt worden, um den übermütigen Brautwerbern das verlangte Mastschwein zu bringen.

Die Hunde bemerkten den sich nähernden Odysseus als Erste und stürzten bellend auf ihn los. Odysseus legte den Stab aus der Hand und setzte sich.

Wahrscheinlich hätte er nun in seinem eigenen Besitz die Schande erfahren müssen, von seinen Hunden angefallen zu werden, wenn nicht der Sauhirt aus der Tür seiner Hütte geeilt wäre und den Tieren Einhalt geboten und sie mit Steinen auseinandergescheucht hätte.

Dann wandte er sich zu seinem Herrn, den er für einen Bettler hielt, und sprach: „Es hätte wenig gefehlt, alter Mann, und die Hunde hätten dich zerfleischt. Dann hättest du mir zu der Trauer, die ich schon habe, noch weiteren Kummer bereitet! Es reicht doch, dass ich hilflos um meinen armen, fernen Herrn jammern muss. Hier sitze ich und mäste seine fetten Schweine für andere Leute, während er selbst vielleicht im Elend nicht einmal ein Stückchen trockenes Brot zu essen hat und in der Fremde herumirrt, wenn er überhaupt noch lebt! Komm in die Hütte, armer Mann, und lass dich mit Wein und Speise stärken. Und wenn du satt bist, sage mir, wo du herkommst und welche Not du erlitten hast, dass du so jämmerlich aussiehst!“

Beide betraten die Hütte. Der Sauhirt streute dem Ankömmling Laub und Reisig auf den Boden, breitete seine eigene Lagerdecke, ein großes, zottiges Gemsfell, darüber und hieß ihn sich hinsetzen.

Als Odysseus ihm freudig für seinen gütigen Empfang dankte, antwortet ihm Eumaios: „Man soll keinen Gast verachten, auch den geringsten nicht. Ich habe wohl nur wenig. Wäre mein guter Herr zu Hause geblieben, so hätte ich es wohl besser. Haus, Besitz und Frau hätte er mir gegeben und ich könnte Fremde anders bewirten! Nun aber ist er zugrunde gegangen. Möge Helenas Stamm im Unheil vergehen, die so viele Tapfere ins Verderben gestürzt hat!"

So sprach der Sauhirt, band sich seinen Gürtel fester und ging hinaus zu den Schweineställen, in denen scharenweise Ferkel lagen. Von denen nahm er zwei, schlachtete sie zur Bewirtung seines Gastes, zerschnitt das Fleisch, steckte es an Spieße, bestreute es mit weißem Mehl und legte das Gebratene frisch an den Spießen dem Gast vor.

In eine hölzerne Kanne goss er aus dem Krug süßen alten Wein, setzte sich dem Fremden gegenüber und sagte: „Nun iss, fremder Mann, was wir haben! Es ist eben Ferkelfleisch, denn die Mastschweine essen die Brautwerber weg, diese gewalttätigen Menschen, die weniger Götterfurcht im Herzen haben als die frechsten Seeräuber! Wahrscheinlich haben sie vom Tod meines Herrn gehört, dass sie um seine Frau nicht werben wie andere Leute, sondern sich in ihrem Haus niedergelassen haben und in aller Ruhe fremdes Gut verprassen. Tag und Nacht schlachten sie nicht ein- oder zweimal, nein, mehrere Male und leeren dazu ein Weinfass nach dem anderen. Ach, mein Herr war so reich wie zwanzig andere zusammen! Zwölf Rinderherden, ebenso viele Schaf-, Schweine- und Ziegenherden besitzt er auf dem Land, die teils Hirten, teils Mietlinge für ihn versorgen. [*Ein Mietling war ein Fremder, der gegen Bezahlung Hirtendienste übernahm. Anders als einem Hirten ging es ihm in der Regel weniger um die Tiere als vielmehr um seinen Lohn.*] Allein in dieser Gegend sind elf Ziegenherden, die fleißige Männer hüten. Sie müssen den Brautwerbern jeden Tag den besten Geißbock abliefern. Ich bin sein Oberhirte über die Schweine und auch ich muss Tag für Tag den besten Eber auswählen und den unersättlichen Prassern schicken!"

Während der Hirt so sprach, verschlang Odysseus hastig das Fleisch und trank den Wein in raschen Zügen, ohne ein Wort zu sprechen. Seine Gedanken waren ganz mit der Rache beschäftigt, die er an den Brautwerbern nehmen wollte.

Als er satt gegessen und getrunken und der Hirt ihm den Becher noch einmal vollgefüllt hatte, trank er ihm freundlich zu und sprach: „Beschreibe mir doch deinen Herrn näher, lieber Freund! Es ist ja möglich, dass ich ihn kenne und ihm irgendwo einmal begegnet bin, denn ich bin weit in der Fremde herumgekommen."

Aber der Sauhirt antwortete ihm ganz ungläubig: „Meinst du, ich werde einem umherirrenden Mann, der mir etwas von meinem Herrn erzählen will, so leicht Glauben schenken? Wie oft ist es schon vorgekommen, dass Landfahrer, die nach einer Herberge fragten, vor meine Herrin und ihren Sohn getreten sind und sie mit ihren Märchen über unseren armen Herrn zu Tränen gerührt haben, damit man sie bewirtete. Mein Herr aber ist bestimmt schon lange tot. Ach, nie wieder bekomme ich einen so gütigen Herrn. Er war so freundlich und liebevoll. Wenn ich an ihn denke, kommt es mir gar nicht vor, als dächte ich an meinen Gebieter, sondern wie ein älterer Bruder liegt er mir am Herzen."

„Nun, mein Lieber", antwortete Odysseus, „weil dein ungläubiges Herz so zuversichtlich seine Rückkehr leugnet, schwöre ich dir: Odysseus kommt! Meinen Lohn sowie den Mantel und Leibrock als Gaben verlange ich erst, wenn er da ist. Denn so zerlumpt ich auch bin: Mit einem Märchen möchte ich mir meine Kleidung nicht verdienen. Ich hasse Lügner bis auf den Tod. So höre denn, was ich dir bei Zeus, bei deinem gastlichen Tisch und dem Haus des Odysseus schwöre: Wenn dieser Monat zu Ende ist, wird er eintreten in sein Haus und die Frechen bestrafen, die es wagen, seiner Frau und seinem Sohn das Leben schwer zu machen."

„Oh alter Mann", erwiderte Eumaios, „ich werde dich ebenso wenig für deine Botschaft belohnen, wie Odysseus nach Hause zurückkehrt. Fasle nicht, trinke ruhig deinen Wein und sprich von etwas anderem. Deinen Schwur lass gut sein! Von Odysseus erhoffe ich nichts mehr. Mir macht jetzt nur sein Sohn Telemachos Sorgen. Ich habe gehofft, in ihm einmal den Vater zu erkennen. Aber ein Gott oder Mensch hat ihm den Verstand geraubt: Er ist nach Pylos gesegelt, um nach seinem Vater zu forschen. Doch in der Zwischenzeit haben sich die Brautwerber mit einem Schiff in einen Hinterhalt gelegt, um ihn zu töten. Mit ihm werden sie den letzten Sprössling des uralten Stammes des Arkeisios vernichten.

Doch erzähle du mir jetzt dein eigenes Leiden: Wer bist du, und was brachte dich nach Ithaka?"

Odysseus machte sich den Spaß und erzählte dem Sauhirten ein langes Märchen, in dem er sich für den verarmten Sohn eines reichen Mannes aus Kreta ausgab und die buntesten Abenteuer zum Besten gab. Auch den Krieg vor Troja hatte er mitgemacht und den Odysseus dort kennengelernt. Auf der Heimkehr verschlug ihn der Sturm an die Küste der Thesproten, bei deren König er wieder etwas von Odysseus gehört haben wollte. Dieser sei der Gast des Fürsten gewesen und habe ihn kurz vor der Ankunft des Bettlers verlassen, um vom Orakel in Dodona den Entschluss des Zeus zu vernehmen. [*Dodona war das älteste griechische Orakel und folgte in seiner Bedeutung gleich hinter Delphi.*]

Als er mit seiner langen Lügengeschichte zu Ende war, sagte der Sauhirt gerührt: „Unglücklicher Fremder, wie aufregend war deine ausführliche Schilderung deiner mühseligen Irrfahrten! Nur eines glaube ich dir nicht, nämlich das, was du von Odysseus berichtest. Wieso musst du so in den Wind hineinlügen! Ich bin es leid, nach meinem Herrn zu fragen und zu forschen, seit mich ein Ätolier angelogen hat. Er war wegen Totschlags auf der Flucht, kam hierher und versicherte mir, dass er Odysseus auf der Insel Kreta bei Idomeneus getroffen habe, wo er seine vom Sturm zerschmetterten Schiffe ausbesserte. Im Sommer oder Herbst komme er mit seinen Gefährten und unermesslicher Beute sicher zurück. Bemühe dich darum nicht, du Unglücklicher, durch solche Lügen meine Gunst zu erschleichen. Das Gastrecht ist dir ja sowieso sicher."

„Guter Hirte", antwortete Odysseus, „ich will dir einen Vergleich vorschlagen: Wenn Odysseus wirklich zurückkommt, sollst du mich mit Mantel und Leibrock nach Dulichion entlassen, wonach ich mich sehne. Kommt aber dein Herr nicht heim, sollen deine Knechte mich von einer Felsspitze ins Meer stürzen, damit anderen Bettlern die Lust zu lügen vergeht."

„Na, das wäre ein schöner Ruhm für mich", fiel der Sauhirt ein, „wenn ich meinen Gast, den ich in die Hütte gebracht und bewirtet habe, hinterrücks erschlüge! Da könnte ich ja in meinem Leben nicht mehr zu Zeus beten! Doch das Abendessen wird bald kommen, und es ist an der Zeit, dass meine Knechte heimkehren. Dann wollen wir wieder fröhlich sein."

Tatsächlich kamen auch bald darauf die Schweine mit ihren Hütern und wurden grunzend in die Ställe getrieben. Jetzt befahl der Hirt, ein fünfjähriges Mastschwein zu Ehren seines Gastes zu schlachten. Ein Teil wurde unter Gebet den Nymphen und dem Gott Hermes geopfert, einen anderen reichte er den Hütern. Das beste Rückenstück teilte er seinem Gast zu, obwohl er in seinen Augen nur ein Bettler war.

Das berührte Odysseus tief, und er rief dankbar aus: „Möge dich, guter Eumaios, Zeus so lieben wie du mich, der in solcher Gestalt zu dir kam!“

Der Sauhirt forderte ihn freundlich auf zu essen, und während sie fröhlich in der Hütte beim Mahl saßen, zogen draußen Wolken vor den Mond, der Westwind brauste und bald regnete es in Strömen.

Odysseus begann zu frieren in seinen Bettlerlumpen. Er wollte sehen, ob der Hirt in seiner Aufmerksamkeit so weit gehen würde, ihm seinen warmen Mantel abzutreten. Und so fing er wieder an, ein erlogenes Märchen zu erzählen.

„Hört mir zu“, sprach er, „Eumaios und ihr anderen Hirten! Der gute Wein verführt mich nun einmal zu schwatzen und entlockt mir Worte, die vielleicht besser nicht gesagt würden. Als wir drei uns einst vor Troja in einen Hinterhalt gelegt hatten, Odysseus, Menelaos und ich mit einer Schar von Kriegern, schmiegten wir uns gegenüber der Burg im Schilf unter unsere Rüstungen, und es wurde Nacht. Der Nordwind kam mit einem Schneegestöber und bald hatte der Frost unsere Schilde mit einem Rand von Glatteis umzogen. Den beiden anderen machte das nicht viel aus, sie hatten sich in ihre Mäntel gewickelt und schliefen, von der Kälte unangefochten, unter ihren Schilden. Ich dagegen hatte beim Weggehen meinen Mantel bei den Freunden zurückgelassen, denn ich hatte nicht mit solcher Kälte gerechnet. Nun war noch ein Drittel der Nacht übrig und die Morgenkälte war besonders schneidend. Da stieß ich endlich meinen Nachbarn, den schlafenden Odysseus, mit dem Ellbogen an und sagte: ‚Du, wenn die Nacht noch lange dauert, bringt mich der Frost um. Ein böser Dämon hat mich verführt, ohne Mantel loszugehen!' Als Odysseus das hörte, der bekanntlich genauso klug wie mutig war, flüsterte er mir zu: ‚Still, damit uns keiner hört. Dir soll bald geholfen sein!' Dann richtete er sich auf, stützte seinen Kopf auf den Ellenbogen und rief über die Schlafenden hinweg: ‚Ihr Freunde, die Götter haben mich im Traum gewarnt. Wir haben uns zu weit von den Schiffen entfernt. Will nicht einer gehen und Agamemnon auffordern, uns noch mehr Kampfgefährten zu schicken?' Auf diese Worte sprang einer unserer Krieger, Thoas, auf, legte seinen Mantel ab und lief zu den Schiffen. Ich aber wickelte mich behaglich in seinen Mantel und schlief nun ruhig bis zur Morgenröte. Ja, wär ich noch ein junger, stattlicher Mann wie damals, würde mir wohl auch irgendein Sauhirt im Gehege hier seinen Mantel zum Schutz gegen den Nachtfrost leihen. Jetzt kümmert sich freilich kein Mensch um mich in meinen Lumpen!"

„Das ist ein schönes Gleichnis", sagte Eumaios lachend, „das du uns da erzählt hast, Fremder, darum soll es dir auch jetzt weder an Kleidung noch an irgendetwas anderem fehlen. Morgen musst du aber wieder mit deinen Lumpen fürliebnehmen, denn wir selbst haben nichts anderes zum Anziehen. Wenn aber Odysseus' Sohn glücklich heimkehren sollte, wird er dich ganz bestimmt mit Mantel und Leibrock beschenken und dich gehen lassen, wohin du willst."

Mit diesen Worten stand Eumaios auf und bereitete seinem Gast aus Schafpelzen und Ziegenhäuten ein Bett nah am Feuerherd, und nachdem sich Odysseus daraufgelegt hatte, deckte er ihn mit einem festen, großen Mantel zu, den er selbst bei den heftigen Winterstürmen anzog.

So lag Odysseus, warm gebettet und bereit zum Schlafen. Neben ihm legten sich auch die Knechte zum Schlaf nieder.

Aber Eumaios wählte sein Nachtlager nicht in der Hütte, denn er wollte in der Nähe seiner Schweine schlafen. Er nahm seine Waffen und ging hinaus zu den Ställen, das Schwert um die Schulter gehängt und in einen dichten Mantel gehüllt. Auch ein zotteliges Ziegenfell nahm er mit als Unterlage. In der Hand trug er einen scharfen Spieß, um Hunde und Männer, die sich nähern könnten, damit abzuschrecken. So legte er sich, vor dem schneidenden Nordwind geschützt, vor die Schweineställe.

Odysseus war noch nicht eingeschlafen, als der Sauhirt in diesem Aufzug die Hütte verließ. Er blickte ihm teilnahmsvoll nach und freute sich von Herzen, einen so ehrlichen und treuen Knecht zu haben, der das Hab und Gut seines Herrn, den er längst für verloren hielt, mit so gewissenhafter Sorgfalt verwaltete. In diesem Gefühl überließ er sich dem erfrischenden Schlaf.

Telemachos verlässt Sparta

Inzwischen war Pallas Athene, die Göttin, auf dem Weg nach Sparta. Dort fand sie die beiden jungen Männer aus Pylos und Ithaka bei Fürst Menelaos.

Peisistratos, Nestors Sohn, schlief tief und fest. Aber Telemachos konnte nicht schlafen. Er lag die ganze Nacht wach aus Sorge und Kummer über das Schicksal seines Vaters.

Da sah er auf einmal Zeus' Tochter vor seinem Bett stehen, die zu ihm sagte: „Es ist nicht richtig von dir, Telemachos, dich weit von zu Hause herumzutreiben, während in deinem Palast zügellose Männer dein Hab und Gut unter sich aufteilen. Bitte Fürst Menelaos unverzüglich um die Heimfahrt, bevor deine Mutter eine Beute der Brautwerber wird! Denn ihr Vater und ihre Brüder stürmen bereits auf sie ein und verlangen, dass sie Eurymachos heiratet, der mit seinen Geschenken alle anderen übertroffen hat und noch mehr Gaben anbietet. Wenn sie ihn aber erwählt, musst du selbst zusehen, wie es dir ergehen wird! Beeile dich daher zurückzukehren. Im schlimmsten Fall übergib deinen Besitz einer treuen Dienerin, bis dir die Götter einmal eine würdige Frau schenken.

Aber höre noch etwas: In der Meerenge zwischen Ithaka und Same liegen die tapfersten Brautwerber in einem Hinterhalt, um dich zu töten, ehe du dein Heimatland wieder erreichst. Steuere deswegen fern der anderen Inseln und segle nur in der Nacht. Für guten Wind wird ein Gott sorgen. Hast du dann Ithakas Ufer erreicht, sende deine Gefährten alle sofort in die Stadt. Du selbst aber begib dich vor allen Dingen zu dem treuen Hirten, der deine Schweine bewacht. Bei ihm bleibst du bis zum Morgen und von dort aus meldest du deiner Mutter Penelope deine glückliche Heimkehr aus Pylos!“

Nachdem sie so gesprochen hatte, flog die Göttin wieder zum Olymp empor.

Telemachos aber weckte Nestors Sohn, indem er ihn mit dem Fuß an die Ferse stieß und rief: „Wach auf, Peisistratos, spanne die Pferde an und lass uns heimfahren!“

„Wie“, antwortete Peisistratos noch im Halbschlaf, „wir werden doch mitten in der Nacht nicht aufbrechen wollen? Warte doch bis zum Morgen. Dann legt uns König Menelaos schöne Geschenke in den Wagen und entlässt uns mit freundlichen Abschiedsworten.“

Während sie so noch lange miteinander über die Abreise verhandelten, wurde es Morgen, und Menelaos stand noch vor den Jungen auf. Als ihn Telemachos von ferne durch die Halle gehen sah, zog er sich schnell an, warf den Mantel um die Schultern, trat zu dem Fürsten und bat ihn um Entlassung in die Heimat.

Menelaos sagte freundlich: „Lieber Gast, ich will dich nicht länger aufhalten, wenn du dich nach zu Hause sehnst. Ein Wirt, der sich durch lästige Freundschaft seinem Gast aufdrängt, erweist sich als Feind. Es ist ebenso unrecht, jemanden, der in Eile ist, aufzuhalten wie jemanden, der mit der Abreise zögert, an die Heimkehr zu erinnern. Warte nur so lange, bis ich dir Geschenke in den Wagen gelegt und die Frauen dir eine Mahlzeit zubereitet haben."

„Edler Fürst", antwortete Telemachos, „ich möchte nur deshalb heimkehren, um nicht selbst zugrunde zu gehen, während ich nach meinem Vater forsche. Denn es warten allerlei Gefahren auf mich und im väterlichen Palast wird mein Erbgut aufgezehrt."

Als Menelaos das hörte, sorgte er in aller Eile für das Mahl und ging mit Helena und Megapenthes in die Vorratskammer. Hier suchte er selbst einen goldenen Becher heraus und gab seinem Sohn Megapenthes einen schönen silbernen Krug zu tragen. Helena suchte aus der Truhe das unterste ihrer selbst gewebten Kleider hervor, das das schönste und größte von allen war. Mit diesen Gaben kehrten sie zu dem Gastfreund zurück.

Menelaos reichte ihm den Becher, sein Sohn stellte den Krug vor ihm auf, und Helena ging mit ihrem Gewand in den Händen ihm entgegen und sprach: „Nimm dieses Geschenk, lieber Sohn, als ein Andenken aus meiner Hand. Am Hochzeitstag soll es deine junge Braut tragen. Bis dahin soll es im Zimmer deiner Mutter liegen. Du aber kehre mit fröhlichem Herzen in das Haus deiner Väter zurück!"

Telemachos dankte für die Gaben, und sein Freund Peisistratos legte sie in den Wagen, nachdem er jede einzelne bewundert hatte.

Dann führte Menelaos die Gäste noch einmal in seinen Saal, wo sie zum Abschied miteinander aßen.

Als sie schon auf dem Wagen saßen, trat Menelaos mit einem vollen Becher in der Hand noch einmal vor die Pferde und brachte den Unsterblichen für eine glückliche Heimfahrt eine Opferspende dar. Dann trank er den jungen Männern zu, reichte ihnen die Hand zum Abschied und gab ihnen einen Gruß an seinen alten Freund Nestor auf.

Telemachos dankte und sprach seinen Wunsch aus, seinen Vater Odysseus zu Hause im Palast anzutreffen und ihm von Menelaos' Gastfreundschaft zu berichten.

Während er noch sprach, flog ein Adler mit einer zahmen Gans in den Klauen, von schreienden Männern und Frauen verfolgt, direkt vor die Pferde.

Alle freuten sich über dieses Zeichen, Helena aber sprach: „Hört meine Weissagung, Freunde! Wie der Adler aus seinem Nest im Gebirge kam und die Gans stahl, die von uns gemästet wurde, so wird Odysseus nach langer Irrfahrt und Qual als Rächer in die Heimat zurückkehren oder ist schon dort und die gemästeten Brautwerber ins Verderben stürzen!"

„Das gebe Zeus", antwortete Telemachos. „Dann, edle Fürstin, will ich dich zu Hause stets wie eine Göttin anbeten."

Und nun eilten die beiden Gäste mit dem Wagen davon.

Am Abend übernachteten sie wieder in der Burg beim gütigen Diokles zu Pherai und am zweiten Tag erreichten sie glücklich die Stadt Pylos.

Aber bevor sie in die Stadt hineinfuhren, bat Telemachos seinen jungen Freund: „Lieber Peisistratos, so befreundet unsere Väter sind, so innig diese Fahrt uns beide vereinigt hat: Nimm mir nicht übel, wenn ich nicht mit in die Stadt komme. Ich möchte nicht, dass dein lieber Vater mich aus lauter Liebe aufhält. Du weißt ja selbst, wie schnell ich heimkehren muss."

Peisistratos verstand ihn gut. Er lenkte die Pferde an der Stadt vorbei und brachte Telemachos geradewegs an den Strand zu seinem Schiff.

Hier nahm er herzlich Abschied von seinem Freund und sprach: „Besteige schnell dein Schiff und segle los. Denn wenn mein Vater erfährt, dass du hier bist, wird er bestimmt selbst kommen und dich nötigen, in seinem Palast einzukehren."

Telemachos gehorchte. Die Gefährten bestiegen das Schiff und setzten sich auf die Ruderbänke. Er selbst aber stellte sich noch auf dem Strand hinten ans Steuerruder des Schiffes, betete zu seiner Beschützerin Athene und brachte ihr ein Opfer dar.

Während er dies tat, näherte sich ein Mann mit hastigen Schritten, streckte seine Hände nach Telemachos aus und rief: „Bei deinem Opfer, Junge, bei den Göttern und bei deinem Wohlergehen und dem deiner Familie bitte ich dich: Sage mir, wer du bist und wo du wohnst."

Als Telemachos ihm alles kurz zugerufen hatte, bat der Mann weiter: „Auch ich bin auf der Wanderschaft. Ich bin der Seher Theoklymenos. Meine Familie stammt aus Pylos, ich selbst aber wohnte in Argos. Dort hab ich im Streit und Jähzorn einen mächtigen Mann erschlagen und bin seinen

Brüdern und Verwandten, die mir den Tod geschworen haben, entkommen. Seitdem bleibt mir nichts anderes übrig, als wie ein Verbannter durch die Welt zu irren. Du aber, guter Junge, betrachte mich als einen, der dich um Schutz anfleht, und lass mich zu dir ins Schiff, denn meine Verfolger sind mir auf den Fersen!"

Telemachos, der ein weiches Herz hatte, nahm den Fremden gern in sein Schiff auf und versprach ihm, auch in Ithaka für seinen Lebensunterhalt zu sorgen. Er nahm den Speer aus den Händen des Fremden entgegen und legte ihn aufs Verdeck nieder. Dann bestieg er selbst mit dem Seher das Schiff und setzte sich mit ihm ans Steuerende. Die Seile, mit denen das Schiff am Ufer angebunden war, wurden gelöst, der Mast aus Fichtenholz in die mittlere Vertiefung des Schiffsbodens gestellt und hoch aufgerichtet, die weißen Segel mit Riemen an den Stangen aufgespannt und unter dem Sausen des günstigen Windes flog das Schiff davon.

Gespräche beim Sauhirten

In der Hütte des Sauhirten auf Ithaka saß Odysseus mit Eumaios und den anderen Hirten am Abend dieses Tages vergnügt beim Abendessen.

Um herauszufinden, wie lange Eumaios ihn wohl beherbergen würde, sprach Odysseus nach dem Essen zu seinem Wirt: „Morgen, mein Freund, will ich an meinem Bettelstab in die Stadt gehen, um euch nicht länger zur Last zu fallen. Gib mir doch einen Begleiter mit, der mir den Weg zeigt, denn ich will im Namen der Götter durch die Stadt irren und sehen, wo ich ein wenig Wein und Brot erhalte.

Auch möchte ich gern in den Palast von König Odysseus gehen und dort seiner Frau Penelope sagen, was ich von ihm weiß. Am Ende würde ich auch den Brautwerbern für Unterkunft und Essen meine Dienste anbieten. Schließlich verstehe ich etwas vom Holzspalten, Feueranzünden, Bratspießwenden, Bedienen bei Tisch, Weinverteilen und ähnlichen Aufgaben, wie sie die Vornehmen von den Geringeren fordern."

Aber der Sauhirt runzelte die Stirn und erwiderte: „Lieber Gast, wo denkst du hin? Willst du dich ganz ins Verderben stürzen? Meinst du, die finsteren Brautwerber verlangen nach deinen Diensten? Die haben ganz andere Diener, als du einer wärst! Junge Männer in den zierlichsten Kleidern, mit schönen Gesichtern und nach Salben duftend, stehen in ihren Diensten. Sie servieren an den prächtigen Tischen, die stets mit Fleisch, Brot und Wein gedeckt sind. Bleib nur bei uns, wo du weder mir noch den Meinen eine Last bist, und warte auf den guten Sohn des Odysseus, der dich wohl mit allem Nötigen versorgen wird!"

Odysseus nahm das Angebot dankbar an und bat darauf den Hirten, ihm auch zu erzählen, wie es den Eltern seines Herrn gehe, ob sie noch lebten oder schon in den Hades hinabgestiegen seien.

„Laërtes, der Vater, lebt noch", antwortete ihm Eumaios, „aber er beweint untröstlich den entfernten Sohn und seine Frau, die der Kummer um den Verlorenen getötet hat. Auch ich muss diese gute Frau beweinen. Sie hat mich mit ihrer Tochter Ktimene fast wie einen Sohn aufgezogen. Als später die Tochter nach Same verheiratet wurde, stattete mich die Mutter reichlich aus und schickte mich hierher aufs Land. Jetzt muss ich zwar vieles entbehren und ernähre mich, so gut ich kann, von meiner Arbeit hier. Penelope, die jetzige

Königin, kann nichts für mich tun. Sie ist von den Brautwerbern umgeben und wird von ihnen bewacht, sodass ein ehrlicher Diener gar nicht bis zu ihr durchdringen kann."

„Guter Sauhirt", fragte Odysseus weiter, „woher stammst du denn und wie bist du in den Dienst dieses Hauses gekommen?"

Der Hirt schenkte seinem Gast den Becher wieder voll und erwiderte: „Trink, mein guter Alter, und lass dir die lange Geschichte erzählen. Hier zwingt uns ja niemand, früh zu Bett zu gehen, und wir können die ganze Nacht durchschwatzen.

Hinter Ortygia liegt eine nicht sonderlich bevölkerte, aber fruchtbare und gesunde Insel namens Syria mit zwei Städten. Über beide herrschte als mächtiger Fürst mein Vater Ktesios, der Sohn des Ormenos.

Als ich noch ein kleiner Junge war, landeten dort betrügerische Seefahrer aus Phönizien, die allerlei feine Waren auf ihrem Schiff zum Verkauf mitbrachten und lange an unserer Küste blieben.

Nun lebte damals in unserem Haus eine phönizische Frau, schön und schlank, die mein Vater als Sklavin gekauft hatte und die wegen ihrer kunstvollen Arbeiten sehr beliebt war. Sie verliebte sich in einen der phönizischen Händler. Er versicherte ihr, sie als seine Frau mit in die Heimat nach Sidon zu nehmen. Die treulose Sklavin versprach ihm, aus dem Haus meines Vaters nicht nur Hände voll Gold als Belohnung mitzubringen, sondern auch noch etwas Besseres: ‚Ich erziehe nämlich', sagte sie, ‚den kleinen Sohn des Fürsten. Er ist schon recht gescheit für sein Alter und geht mit mir, wenn ich Besorgungen außer Haus zu machen habe. Ihn schaffe ich euch auf das Schiff und ihr werdet einen ordentlichen Gewinn mit ihm machen.'

So sprach die falsche Person und ging zum Palast zurück,

als wenn nichts geschehen wäre. Denn die Kaufleute blieben noch ein ganzes Jahr auf der Insel.

Als sie sich endlich mit dem schwer beladenen Schiff zur Heimfahrt fertig machten, erschien ein listiger Mann mit einer goldenen Kette im Palast meines Vaters und bot sie zum Kauf an. Mutter und Mägde umringten ihn im Saal, nahmen die Kette eine nach der anderen in die Hand, untersuchten sie genau und feilschten um den Preis. Währenddessen gab der Mann - denn es war ein Bote der Phönizier - der Sklavin einen heimlichen Wink.

Kaum hatte er das Haus verlassen, so nahm sie mich an die Hand und entführte mich aus dem Palast. Im Vorsaal fand sie Tische und Becher für die Gäste meines Vaters vorbereitet. Da sah ich, wie sie schnell drei goldene Gefäße wegnahm und in den Falten ihres Kleides versteckte. In meiner Ahnungslosigkeit dachte ich mir nichts dabei, sondern folgte ihr. Die Sonne ging eben unter, als wir den Hafen erreichten und mit der übrigen Mannschaft das Schiff bestiegen.

Wir fuhren mit günstigem Wind ab und mochten etwa sechs Tage lang gesegelt sein, als die verräterische Frau vom Pfeil der Artemis getroffen, wie man so sagt, plötzlich im Schiffsraum tot zu Boden fiel. Man warf sie als Beute für die Fische über Bord. Ich kleines Kind blieb allein auf dem Schiff, ohne einen Menschen, der sich um mich kümmerte.

Die Phönizier aber kamen endlich in Ithaka an, wo mich der alte Laërtes von den Kaufleuten erwarb. Auf diese Weise habe ich unsere Insel das erste Mal gesehen."

„Nun", sprach Odysseus, „du darfst doch nicht ganz unzufrieden mit deinem Schicksal sein, denn Zeus hat dir zum Bösen doch auch Gutes beschert und dich einem freundlichen Mann in die Hand gegeben. Er ließ es dir an nichts fehlen und du lebst noch immer gemächlich auf seinem Gut. Ich Armer dagegen irre in ständiger Verbannung umher."

So redeten sie fast die ganze Nacht und schliefen nur noch wenig, bis die anbrechende Morgenröte sie weckte.

Telemachos kommt heim

Am selben Morgen landete Telemachos mit seinen Begleitern an Ithakas Ufer. Athenes Rat gehorchend, ließ er sie unverzüglich weiter in die Stadt rudern. Er versprach ihnen, sich am nächsten Tag durch ein fröhliches Mahl für die Reise zu bedanken, und machte sich auf den Weg zum Hirten.

Doch Theoklymenos fragte ihn: „Aber wo soll ich hingehen, mein Sohn, wer in der Stadt wird mich aufnehmen? Soll ich etwa geradewegs zum Palast deiner Mutter gehen?"

„Wären die Zustände in unserem Haus anders, als sie im Augenblick sind", antwortete Telemachos, „würde ich dir ohne Bedenken dazu raten. So aber würdest du von den Brautwerbern doch nicht vorgelassen. Und meine Mutter sitzt im abgelegensten Zimmer des Hauses und webt. Da wäre es noch klüger, zum Haus des Eurymachos zu gehen. Er ist ein Sohn des in Ithaka hoch angesehenen Polybos und der Erste unter denen, die sich um meine Mutter bewerben."

Während er noch redete, flog ein Habicht mit einer Taube vorüber, deren Gefieder er rupfte.

Da nahm der Seher den Jungen zur Seite und sagte ihm ins Ohr: „Sohn, wenn meine Kunst mich nicht ganz täuscht, so gilt dieses Zeichen deinem Haus. Nie wird eine andere Familie auf Ithaka das Sagen haben: Ihr seid die ewigen Herrscher dieses Landes!"

Bevor Telemachos sich von Theoklymenos verabschiedete,

empfahl er ihn noch seinem vertrautesten Freund, dem Peiraios, Sohn des Klytios, dass er den Fremden in sein eigenes Haus aufnehmen und gut versorgen möge, bis Telemachos in die Stadt käme. Dann ging er davon und die Gefährten fuhren weiter.

Inzwischen bereiteten Odysseus und der Sauhirte in der Hütte das Frühstück zu und die Knechte trieben die Schweine hinaus.

Als sie behaglich beim Mahl saßen, hörten sie draußen Schritte, und die Hunde wurden laut, doch ohne zu bellen. Sie schienen vielmehr den Ankommenden zu begrüßen.

„Bestimmt", sagte Odysseus zu dem Hirten, „besucht dich ein Freund oder Bekannter. Denn zu Fremden verhalten sich deine Hunde ganz anders, das hab ich selbst erfahren!"

Er hatte noch nicht ganz zu Ende gesprochen, als sein lieber Sohn Telemachos in der Hüttentür stand.

Der Sauhirt ließ vor Freude das Geschirr aus der Hand fallen, lief seinem jungen Herrn entgegen, umarmte und küsste ihn weinend, als wäre er von den Toten auferstanden. Ein alter Vater kann seinen einzigen Sohn, der nach zehn Jahren aus der Fremde kommt, nicht herzlicher willkommen heißen.

Telemachos trat erst ein, als er von seinem Diener erfahren hatte, dass es nichts Neues aus dem Haus der Mutter gab. Dann übergab er dem Hirten seine Lanze und ging in die Hütte.

Sein Vater Odysseus wollte dem Hereinkommenden Platz machen, aber Telemachos hielt ihn zurück und sagte freundlich: „Bleib nur sitzen, Fremder. Eumaios wird mir schon einen Platz anbieten."

Eumaios bereitete seinem jungen Herrn ein weiches Polster aus grünem Laub und legte einen Schafpelz darüber.

Nun setzte sich Telemachos zu den beiden, und der Sauhirt tischte eine Schüssel mit gebratenem Fleisch auf, stellte den Brotkorb dazu und mischte Wein in der hölzernen Kanne. So aßen sie alle drei zusammen.

Schließlich befragte Telemachos den Diener über den Fremden, und Eumaios erzählte ihm Odysseus' Lügenmärchen.

Er schloss: „Er hat sich jetzt aus einem thesprotischen Schiff geflüchtet und kam zu mir. Ich gebe ihn in deine Hände, mach mit ihm, was du willst."

„Dein Wort macht mir Angst", erwiderte Telemachos. „Wie kann ich den Mann in meinem Haus beschützen, so wie es dort aussieht? Behalte du ihn lieber hier. Ich werde ihm Kleidung und Schuhe geben, ihn mit einem zweischneidigen Schwert ausstatten und dir genug zu essen schicken, damit er dir und deinen Knechten nicht zur Last fällt. Aber ich kann nicht zulassen, dass er sich unter die Brautwerber begibt, denn sie schalten und walten so frech in meinem Haus, dass selbst ein gewaltiger Mann nichts gegen sie ausrichten kann."

Odysseus als Bettler drückte seine Verwunderung darüber aus, dass sich die Brautwerber dem Sohn des Hauses zum Trotz so viele Unarten herausnehmen durften.

Er fragte Telemachos: „Hasst dich etwa das Volk oder liegst du mit Brüdern im Streit, oder beugst du dich freiwillig so tief herunter? Wäre ich so jung wie du und Odysseus' Sohn oder er selber käme zurück – denn noch ist ja die Hoffnung dazu nicht ganz verloren! –, sollte mir lieber ein Fremder den Kopf abschlagen und ich wollte in meinem eigenen Haus sterben, als so schändliche Taten länger mit anzuschauen!"

Darauf antwortete Telemachos: „Nein, lieber Gast, das Volk hasst mich nicht. Auch habe ich keine Brüder, die mich anfeinden, denn ich bin das einzige Kind im Haus. Aber eine Unzahl feindselig gesinnter Männer von allen Inseln ringsumher und von Ithaka selbst werben um meine Mutter. Sie weicht ihnen aus, aber sie kann sich nicht gegen sie wehren, und bald wird mein Haus verwüstet sein."

Dann wandte er sich an den Sauhirten und sprach: „Du aber tu mir den Gefallen und eile in die Stadt zu meiner Mutter Penelope. Sag ihr, dass ich wieder da bin, aber so, dass es kein Brautwerber mitbekommt."

„Soll ich", fragte Eumaios, „nicht den Umweg zu deinem Großvater Laërtes machen und ihn auch von deiner Heimkehr benachrichtigen? Man sagt, seitdem du nach Pylos gefahren bist, habe er nichts mehr gegessen und getrunken und sich nicht mehr um die Felder gekümmert. Er sitzt in ständiger Trauer da und wird immer dünner."

„So traurig es auch ist", antwortete Telemachos, „so kann ich dich doch den Umweg nicht machen lassen. Meine Mutter muss so schnell wie möglich wissen, dass ich zurückgekommen bin!"

Da zog der Sauhirt seine Sandalen an, nahm sich seine Lanze und eilte davon.

Odysseus gibt sich seinem Sohn zu erkennen

Pallas Athene hatte nur gewartet, bis Eumaios die Hütte verlassen hatte. Da erschien sie in der Tür in Gestalt einer schönen jungen Frau. Telemachos konnte sie nicht sehen, sondern nur sein Vater und die Hunde. Diese aber bellten nicht, sondern verkrochen sich winselnd.

Die Göttin winkte Odysseus heran. Er verstand ihr Zeichen und verließ auf der Stelle die Hütte.

Er fand seine Beschützerin an der Hofmauer.

Sie sagte zu ihm: „Jetzt, Odysseus, brauchst du dich nicht länger vor deinem Sohn zu verstecken. Ihr sollt beide zusammen zum Verderben der Brautwerber in die Stadt gehen. Ich selbst werde nicht weit sein, denn ich brenne darauf, diese Verbrecher zu bekämpfen!“

So sprach die Göttin und berührte den Bettler mit ihrem goldenen Stab. Da geschah ein Wunder, denn Odysseus bekam seine frühere junge Gestalt zurück: groß, mit gebräuntem Gesicht, vollen Wangen, dichtem Haar und schwarzem Bart. Dann verschwand Athene.

Als Odysseus wieder in die Hütte eintrat, sah ihn der Sohn staunend an und glaubte, einen Gott zu sehen.

Er wandte den Blick ab und sagte: „Fremder, du siehst ganz anders aus als vorhin. Andere Kleider hast du an, deine ganze Gestalt ist verwandelt. Du musst einer der Himmlischen sein! Lass dir opfern und verschone uns!“

„Nein, ich bin kein Gott“, rief Odysseus. „Erkenne mich doch, Kind, ich bin ja dein Vater, um den du dich so viel gesorgt hast!“

Die so lange gewaltsam zurückgehaltenen Tränen stürzten ihm bei diesen Worten aus den Augen. Er lief auf den Sohn zu und umarmte ihn unter Küssen. Aber Telemachos konnte es noch immer nicht glauben.

„Nein, nein“, rief er, „du bist nicht mein Vater Odysseus, ein böser Dämon täuscht mich, damit ich nur noch tiefer ins Leid versinke. Wie könnte sich ein Mensch aus eigener Kraft so verwandeln!“

„Staune doch den heimkehrenden Vater nicht so grenzenlos an, lieber Sohn!", erwiderte Odysseus. „Ich bin es, der nach zwanzig Jahren in die Heimat zurückkommt, und kein anderer. Das Wunder ist ein Werk der Göttin Athene. Sie hatte mich in einen Bettler umgestaltet und jetzt wieder zurückverwandelt. Denn den Göttern fällt es leicht, einen Sterblichen mal zu erniedrigen, mal zu erhöhen."

Nach diesen Worten setzte Odysseus sich. Jetzt erst wagte es der Junge, seinen Vater unter heißen Tränen zu umarmen. Bei beiden brach sich der lange Kummer Bahn. Sie fingen an, laut zu weinen, und ihre Klage klang so herzzerreißend wie der Ruf der Vögel, denen man ihre Jungen geraubt hat.

Als sie sich ausgeweint hatten, fragte endlich Telemachos den Vater, auf welchem Weg er in die Heimat gekommen sei.

Nachdem er ihm alles erzählt hatte, fuhr Odysseus fort: „Und jetzt bin ich hier, mein Sohn, auf Athenes Befehl, damit wir uns über den Mord unserer Feinde beraten. Zähle mir der Reihe nach alle Brautwerber auf, damit ich weiß, wie viele sie sind und ob wir beide allein zu ihrer Bekämpfung ausreichen oder uns nach Verbündeten umsehen sollen."

„Ich habe zwar immer von deinem Ruhm gehört, Vater", erwiderte Telemachos, „und dass dein Arm so stark ist wie dein Rat klug. Das aber war ein stolzes Wort und niemals können wir beide allein etwas gegen so viele ausrichten. Es sind nicht nur zehn oder zwanzig, es sind viel, viel mehr: aus Dulichion allein zweiundfünfzig der mutigsten jungen Männer, mit sechs Dienern; aus Same vierundzwanzig, aus Zakynth zwanzig, aus Ithaka selbst zwölf. Bei ihnen sind der Herold Medon, ein Sänger und zwei Köche. Darum lass uns wenn möglich nach Hilfe suchen."

„Bedenke", sprach darauf Odysseus, „dass Athene und Zeus unsere Verbündeten sind. Wenn es in meinem Palast erst einmal zum Krieg kommt, werden sie uns nicht lange auf ihre Hilfe warten lassen.

Du gehst morgen früh in die Stadt und setzt dich unter die Brautwerber, als wäre nichts geschehen. Der Sauhirt wird mich wieder in Gestalt des Bettlers in die Stadt und in den Palast führen. Wenn sie mich dann beschimpfen, mich bewerfen und hinauszerren wollen, musst du ruhig bleiben und es ertragen. Du kannst versuchen, sie mit Worten davon abzuhalten, aber sie werden nicht auf dich hören, denn ihr Verderben ist beschlossen.

Auf mein Zeichen wirst du dann die Rüstungen, die im Saal herumhängen, in einer der oberen Kammern des Hauses verstecken. Wenn die Brautwerber sie vermissen und danach fragen, sagst du nur, du hättest sie wegbringen lassen, weil sie vom Kaminrauch schwarz geworden seien und ihren Glanz verloren hätten. Für uns beide lässt du nur zwei Schwerter, zwei Speere und zwei Schilde aus Leder zurück, damit wir sie zum Kampf ergreifen können. Denn die Brautwerber werden es in ihrer Verblendung, die die Götter ihnen schicken werden, wagen, Hand an uns zu legen.

Übrigens darf kein Mensch erfahren, dass ich zurückgekehrt bin, selbst Laërtes und der Sauhirt nicht, ja nicht einmal Penelope, deine Mutter.

Unterdessen wollen wir prüfen, welcher der Diener uns noch ehrt und fürchtet und wer uns vergessen hat und dich verachtet.“

„Lieber Vater“, erwiderte Telemachos, „du sollst mich bestimmt nicht nachlässig finden, aber ich glaube nicht, dass die Prüfung viel helfen wird. Es wird viel zu lange dauern, im Land herumzugehen und jeden Einzelnen zu befragen, während dir im Palast allmählich dein Hab und Gut verprasst wird. Die Frauen im Haus auszukundschaften, das will ich selbst übernehmen. Aber die Männer auf den einzelnen Höfen - das sparen wir lieber für die Zukunft, wenn wir die Herrschaft im Palast zurückgewonnen haben."

Odysseus gab seinem Sohn recht und freute sich über dessen Klugheit.

Vorgänge in der Stadt und im Palast

Das Schiff, das Telemachos und seine Gefährten von Pylos nach Ithaka gebracht hatte, war inzwischen im Hafen der Stadt angekommen. Die Begleiter des Königssohns hatten einen Herold zu seiner Mutter Penelope geschickt, um ihr die Botschaft von der Heimkehr des Sohnes zu überbringen.

Mit derselben Nachricht kam gleichzeitig der Sauhirt aus dem Gebirge und beide trafen sich im Haus des Königs.

Da sprach der Herold zu Penelope laut vor allen Dienerinnen: „Dein Sohn, oh Königin, ist zurückgekommen."

Eumaios aber sagte ihr im Geheimen und ohne Zeugen, was ihm sein junger Herr aufgetragen hatte. Insbesondere, dass sie durch eine Dienerin auch seinem Großvater Laërtes die fröhliche Botschaft zukommen lassen möchte.

Als der Sauhirt alles ausgerichtet hatte, lief er wieder heim zu seinen Schweinen.

Die Brautwerber aber erfuhren die Nachricht von Telemachos' Heimkehr, die der Herold gebracht hatte, durch die treulosen Dienerinnen.

Missmutig setzten sie sich zusammen auf die Bänke vor dem Tor, und Eurymachos sprach: „Das hätten wir doch nie gedacht, dass der Junge diese Fahrt zu Ende bringen würde! Lasst uns nur schnell ein Schiff ausrüsten, einen Schnellsegler, um unseren Freunden, die im Hinterhalt lauern, die Botschaft zu bringen, damit sie nicht vergebens auf ihn warten und wieder umkehren."

Während Eurymachos sprach, hatte Amphinomos einen Blick auf den Hafen der Stadt geworfen, den man vom Vorhof des Palastes sehen konnte. Er sah das Schiff, mit dem die Brautwerber in den Hinterhalt ausgefahren waren, gerade mit vollen Segeln in den Hafen einlaufen.

„Wir müssen keine Botschaft an unsere Freunde schicken", rief er, „sie sind schon hier. Vielleicht hat ein Gott sie von Telemachos' Heimkehr benachrichtigt, oder er ist ihnen entkommen, und sie konnten ihn nicht einholen."

Die Brautwerber sprangen auf und liefen zum Hafen. Dann zogen sie mit den Ankömmlingen auf den Markt und hielten hier ihre Versammlung ab, ohne sonst jemanden aus dem Volk zuzulassen.

Der Anführer der Hinterhältler, Antinoos, stand auf und rief: „Wir sind nicht schuld, dass der Mann uns entronnen ist, Freunde! Wir hatten den ganzen Tag Späher oberhalb des Ufers aufgestellt, und wenn die Sonne untergegangen war, blieben wir nie auf dem Land, sondern kreuzten unermüdlich in der Meerenge. Wir waren nur darauf bedacht, Telemachos abzufangen und in aller Stille umzubringen. Aber einer der Unsterblichen muss ihn heimgeführt haben, denn wir haben nicht einmal sein Schiff gesehen! Dafür wollen wir ihm hier in der Stadt selbst den Untergang bereiten. Denn der junge Mann wird klug und wächst uns allmählich über den Kopf. Auch das Volk wird am Ende aufsässig. Bringt er unter die Leute, dass wir ihm auflauerten, um ihn zu ermorden, so fallen sie am Ende über uns her und jagen uns aus dem Land. Bevor das geschieht, lasst ihn uns aus dem Weg räumen. Seine Besitztümer teilen wir unter uns auf. Den Palast überlassen wir der Mutter und ihrem künftigen Mann. Gefällt euch aber mein Vorschlag nicht, wollt ihr ihn leben und im Besitz seiner Güter lassen, nun, dann wollen wir ihm auch nicht länger die Habe verzehren. Dann lasst jeden von uns aus der eigenen Heimat heraus um die Fürstin mit Brautgeschenken werben, und sie soll den wählen, der ihr am meisten gibt und vom Schicksal begünstigt wird."

Nach seiner Rede schwiegen die Brautwerber lange.

Schließlich stand Amphinomos aus Dulichion auf, der edelste und beste unter ihnen, der durch seine klugen Reden auch Königin Penelope am meisten gefiel, und sagte seine Meinung: „Freunde, ich möchte nicht, dass wir Telemachos heimlich töten! Es ist doch grässlich, mit dem letzten Sprössling ein ganzes Königsgeschlecht zu vernichten. Lasst uns lieber vorher die Götter befragen: Erlaubt es Zeus, so bin ich selbst bereit, ihn zu töten, verwehren es die Götter, so rate ich euch von dem Vorhaben ab."

Die Worte gefielen den Brautwerbern. Sie schoben ihren Plan auf und kehrten in den Palast zurück.

Auch diesmal hatte sie ihr Herold Medon, der heimliche Anhänger Penelopes, belauscht und der Königin von allem berichtet.

Sie eilte dicht verschleiert mit ihren Dienerinnen in den Saal zu den Brautwerbern und fuhr den Urheber des tückischen Vorschlags an: „Antinoos, du übler Unheilstifter, mit Unrecht rühmt dich Ithakas Volk als den klügsten unter deinen Gefährten. Nie bist du das gewesen. Du verachtest die Stimme der Unglücklichen, auf die doch Zeus selbst hört, und bist mutig genug, den Tod meines Sohnes Telemachos zu planen. Erinnerst du dich nicht mehr, wie dein

Vater Eupeithes um Schutz flehend in unser Haus geflohen kam? Er wurde von seinen Feinden verfolgt, weil er Seeräuberei gegen unsere Verbündeten getrieben hatte. Seine Verfolger wollten ihn töten und ihm das Herz herausreißen. Odysseus aber hielt die Tobenden auf und beruhigte sie. Und du, sein Sohn, willst zum Dank Odysseus' Besitz verschwenden, wirbst um seine Frau und willst sein einziges Kind ermorden? Du tätest besser daran, auch die anderen von einem solchen Verbrechen abzuhalten!"

Statt Antinoos antwortete Eurymachos: „Edle Penelope, mach dir keine Sorgen um das Leben deines Sohnes. Solange ich lebe, wird es kein Mann wagen, Hand an ihn zu legen. Odysseus hat doch auch mich manchmal als Kind auf den Knien geschaukelt und mir Leckerbissen in den Mund gegeben! Deswegen ist mir auch sein Sohn der liebste unter allen Menschen. Er soll den Tod nicht zu fürchten haben, wenigstens nicht von den Brautwerbern; kommt er von Gott, kann ihm wohl niemand ausweichen!"

So sprach der Hinterhältige mit der freundlichsten Miene, im Herzen aber plante er nichts als Verderben.

Penelope kehrte wieder in ihr Frauengemach zurück, warf sich aufs Bett und weinte um ihren Mann, bis ihr der Schlaf die Augen zudrückte.

Telemachos, Odysseus und Eumaios kommen in die Stadt

Am selben Abend kam der Sauhirt in seine Hütte zurück, während Odysseus und sein Sohn Telemachos gerade damit beschäftigt waren, ein geschlachtetes Schwein zum Abendessen zuzubereiten. Odysseus war, durch Athenes Stab berührt, wieder in einen zerlumpten Bettler verwandelt, sodass Eumaios ihn nicht erkannte.

„Da bist du ja endlich, Sauhirt“, rief Telemachos ihm entgegen. „Was bringst du Neues aus Ithaka? Lauern die Brautwerber noch immer auf mich oder sind sie von ihrem Hinterhalt zurück?“

Eumaios meldete ihm, was er von den beiden Schiffen gesehen hatte, und Telemachos zwinkerte, heimlich vergnügt lächelnd, seinem Vater zu.

Anschließend aßen sie zusammen und legten sich dann schlafen.

Am nächsten Morgen machte sich Telemachos bereit, um in die Stadt zu gehen, und sagte zu Eumaios: „Ich muss jetzt nach meiner Mutter sehen. Komm mit diesem armen Fremden nach, damit er in den Häusern der Stadt um Brot und Wein bettelt. Ich kann unmöglich alle Last der Welt auf mich laden und habe genug an meinem eigenen Kummer zu tragen. Fühlt sich der alte Mann dadurch beleidigt, ist es nur schlimmer für ihn!“

Odysseus, der über die geschickte Verstellung seines Sohnes staunte, sagte nun auch seinerseits: „Lieber Junge, ich möchte selbst nicht länger hierbleiben. Ein Bettler ist in der Stadt immer besser aufgehoben als auf dem Land. Geh nur, und wenn ich mich in meinen Lumpen noch ein wenig am Feuer gewärmt habe und die Luft milder geworden ist - denn die Stadt ist, wie man mir sagt, weit von hier entfernt –, so mag dein Diener mich begleiten.“

Nun lief Telemachos in die Stadt.

Es war noch ziemlich früh am Tag, als er vor seinem Palast ankam, und die Brautwerber hatten sich noch nicht versammelt. Er lehnte seine Lanze an eine Säule des Eingangs und ging in den Saal.

Hier war die Schaffnerin Eurykleia damit beschäftigt, die stattlichen Thronsessel mit schönen Vliesen zu bedecken. Als sie den Jüngling sah, eilte sie mit Freudentränen auf ihn zu und hieß ihn willkommen. Auch die anderen Mägde umringten ihn und küssten ihm Hände und Schultern.

Jetzt trat auch seine Mutter Penelope aus der Kammer, schlank wie Artemis und schön wie Aphrodite. Weinend schloss sie ihren Sohn in die Arme und küsste ihm Gesicht und Augen.

„Du bist da, du bist da, mein süßes Leben“, rief sie schluchzend. „Ich hatte schon die Hoffnung aufgegeben, dich wiederzusehen, seit du heimlich und gegen meinen Willen nach Pylos gesegelt bist, um Erkundigungen über deinen lieben Vater einzuziehen! Nun sage mir doch, welche Nachrichten bringst du, liebes Kind?“

„Ach, Mutter“, antwortete Telemachos, dem es schwerfiel, seine wahren Gefühle zu unterdrücken, „wühle doch in mir, der ich selbst gerade erst dem Tod entronnen bin, den Kummer um den Vater nicht wieder auf. Nimm ein Bad, zieh dir reine Kleidung an, und versprich den Göttern kostbare Dankopfer, wenn sie uns einst die Rache gönnen. Ich selbst will zum Markt gehen, um einen Fremden ins Haus zu bringen, der mich auf der Fahrt begleitet hat und dessen Versorgung ich bis zur eigenen Rückkehr einem Freund überlassen habe.“

Penelope folgte seinem Rat, und Telemachos eilte, mit dem Speer in der Hand und von seinen Hunden begleitet, auf den Markt. Athene hatte ihm besondere Anmut verliehen, sodass alle ihn bestaunten, die ihn sahen. Auch die Brautwerber versammelten sich sofort um ihn und machten ihm Komplimente, während sie im Herzen über ihren bösen Plänen brüteten.

Telemachos blieb jedoch nicht in ihrer Mitte. Er setzte sich zu drei alten Freunden seines Vaters, Mentor, Antiphos und Halitherses, und erzählte ihnen, was er durfte. Jetzt führte auch Peiraios seinen Gastfreund Theoklymenos herbei und Telemachos begrüßte beide.

Peiraios aber wandte sich an seinen Freund und sprach: „Lieber Telemachos, lass doch die Geschenke, die Menelaos dir gegeben hat, von Dienerinnen abholen."

„Freund", erwiderte Telemachos, „die Gaben sind bei dir besser aufgehoben. Wir können noch nicht wissen, wie sich die Dinge entwickeln. Wenn die Brautwerber mich ermorden und mein Erbe unter sich aufteilen, gönne ich die kostbaren Geschenke dir mehr als ihnen. Werde dagegen ich sie töten, dann komm und bringe fröhlich dem Fröhlichen die Schätze!"

So sprach Telemachos, nahm den flüchtigen Seher Theoklymenos an die Hand und führte ihn vom Markt weg in seinen Palast. Dort nahmen beide ein erfrischendes Bad und genossen in Penelopes Gesellschaft, die ihnen gegenüber an der zierlichen Spindel saß, das Frühstück im Saal.

Da sprach Penelope traurig zu ihrem Sohn: „Eigentlich ist es besser für mich, Telemachos, hinaufzugehen und dort oben einsam zu sitzen wie bisher. Denn du willst mir ja nicht erzählen, was du von deinem Vater gehört hast."

„Liebe Mutter", antwortete Telemachos, „gern wollte ich dir alles wahr berichten, was ich gehört habe, wenn es nur Tröstlicheres wäre! So liebevoll mich Nestor in Pylos aufnahm: Er konnte mir doch gar nichts vom Vater erzählen. Aber er gab mir einen Wagen und schickte mich mit seinem eigenen Sohn nach Sparta. Dort wurde ich von dem großen Helden Menelaos gastfreundlich aufgenommen und sah auch Königin Helena, um derentwegen Trojaner und Griechen so vieles erlitten haben. Hier erfuhr ich endlich ein wenig vom geliebten Vater, was der Meeresgott Proteus Fürst Menelaos in Ägypten mitgeteilt hatte. Proteus hatte Odysseus auf der Insel Ogygia in Kummer versunken gesehen. Dort hält die Nymphe Kalypso ihn gegen seinen Willen in ihrer Grotte fest, und es fehlt ihm an Schiffen und Ruderern, um die Heimat zu erreichen."

Als der Seher Theoklymenos sah, wie sehr diese Nachricht die Fürstin mitnahm, unterbrach er seinen Gastfreund und sagte: „Königin, Telemachos weiß nicht alles. Höre die Weissagung: Odysseus sitzt bereits irgendwo in seiner Heimat oder er schleicht heimlich umher und schmiedet Pläne zum Verderben der Brautwerber! Dies hat mir ein Vogelzeichen gesagt, das ich deinem Sohn auch so gedeutet habe."

„Möge sich dein Wort erfüllen, edler Gast!", antwortete Penelope seufzend. „Mein Dank dafür sollte nicht ausbleiben."

Während diese drei sich so unterhielten, erfreuten sich die Brautwerber vor dem Palast wie gewöhnlich mit Diskuswerfen und Speerschleudern. Schließlich erinnerte sie der Herold ans Mittagessen und sie gingen in den Palast hinein.

In der Zwischenzeit hatten sich auch Eumaios und sein Gast von der Hütte aus auf den Weg in die Stadt gemacht. Odysseus, der Bettler, hatte den hässlichen, geflickten Ranzen umgeworfen und der Sauhirt ihm den Stab in die Hand gegeben. So wanderten beide dahin und überließen die Schweine den Knechten und Hunden zur Bewachung.

Sie waren schon am Stadtbrunnen angekommen. Odysseus' Vorfahren hatten ihn in Stein eingefasst, ein Pappelwäldchen wuchs drum herum und aus den Steinen sprang das Wasser.

Hier begegneten sie dem Hirten Melanthios, der mit zwei Knechten den Brautwerbern die besten Ziegen aus der Herde zum Mahl in die Stadt trieb.

Als er die beiden Wanderer sah, fing er laut an zu schimpfen: „Es heißt zu Recht, ein Taugenichts führt den anderen und gleich zu gleich gesellt sich gern. Wohin führst du den heißhungrigen Bettler, verdammter Sauhirt? Dass er an den Türpfosten faul herumsteht und um Brocken bettelt? Gäbst du ihn mir zum Hüter meines Geheges, dass er die Ställe ausfegt und mit Laub auslegt, könnte er, mit Ziegenkäse gefüttert, noch Fleisch auf die dürren Rippen bekommen! Aber natürlich, er hat nichts gelernt und kann nichts, als sich den gefräßigen Bauch füllen."

So rief er und gab ihm in seiner Bosheit einen Tritt. Odysseus wich ihm nicht aus. Innerlich überlegte er sich aber, ihm mit seinem Stab einen Schlag zu versetzen, dass er nicht mehr aufstehen könnte. Doch er bezwang seine Wut und erduldete die Beschimpfung.

Eumaios hingegen schimpfte dem Unverschämten ins Gesicht und rief in den Brunnen hinein: „Ihr heiligen Quellnymphen, Zeus' Töchter! Wenn euch jemals mein Herr kostbare Opfer dargebracht hat, so gewährt mir meine Bitte, dass endlich Odysseus heimkehrt! Er würde diesem aufsässigen Faulenzer seinen Übermut austreiben. So einer ist doch der unbrauchbarste Hirte der Welt und kann nichts anderes, als den ganzen Tag in der Stadt herumzulungern!"

„Du Hund", schimpfte Melanthios, „du hättest es verdient, dass man dich auf den Inseln drüben als Sklave verkaufte.

Möge doch Apollons Bogen oder ein Dolch der Brautwerber deinen Telemachos treffen, auf den du pochst, damit er zugrunde geht wie sein Vater!“

Mit solchen Schimpfworten ging er an ihnen vorüber und setzte sich im Palast mitten unter die Brautwerber, gerade Eurymachos gegenüber an den Tisch. Denn sie mochten ihn und teilten stets ihr Mahl mit ihm.

Jetzt waren auch Odysseus und der Sauhirt vor dem Königspalast angekommen. Als er sein Haus nach so langer Zeit wiedersah, war er tief bewegt.

Er nahm seinen Begleiter an die Hand und sprach: „Fürwahr, Eumaios, das muss Odysseus’ Haus sein! Welch ein Palast, welch eine Reihe von Zimmern! Wie gut umschlossen der Vorhof ist mit Mauern und Türmen. Welch mächtige Torflügel bilden den Eingang. „Wahrlich, diese Burg ist unbezwingbar! Ich höre auch, dass viele Menschen darin beim Gastmahl sitzen. Es duftet so gut bis hierher und die Harfe des Sängers schallt aus dem Saal heraus!“

Sie berieten nun miteinander und beschlossen, dass der Sauhirt vorangehen und sich für Odysseus im Saal umsehen, dieser aber solange vor dem Tor warten sollte.

Während sie noch miteinander sprachen, spitzte ein alter Hund, der draußen vor der Tür lag, seine Ohren. Er hieß Argos. Odysseus hatte ihn selbst aufgezogen, bevor er nach Troja aufbrach. Er hatte früher die Männer auf die Jagd begleitet. Jetzt aber lag er, alt und unbrauchbar geworden, vor der Tür auf dem Misthaufen, mit Ungeziefer bedeckt.

Als er nun Odysseus bemerkte, schien er ihn trotz der Verkleidung zu erkennen. Er spitzte die Ohren und wedelte mit dem Schwanz, konnte aber vor Schwäche nicht näher herangehen.

Als Odysseus das sah, wischte er sich heimlich eine Träne aus den Augen.

Dann sagte er zu dem Sauhirten, seinen Schmerz verbergend: „Der Hund, der hier auf dem Mist liegt, scheint doch früher sehr nützlich gewesen zu sein. Das kann man ihm noch ansehen!“

„Aber ja“, erwiderte Eumaios, „er war der liebste Jagdhund meines unglücklichen Herrn. Du hättest sehen sollen, wie er bei der Jagd in den Wäldern dem Wild nachspürte! Seit sein Herr aber fort ist, beachtet ihn keiner mehr. Die Mägde füttern ihn nicht einmal richtig!“

Mit diesen Worten ging der Sauhirt in den Palast hinein.

Der Hund aber, der nach all den Jahren endlich seinen Herrn wiedergesehen hatte, legte sich hin und starb.

Odysseus als Bettler im Saal

Im Inneren des Hauses bemerkte Telemachos zuerst den Sauhirten und rief ihn zu sich heran. Eumaios schaute sich vorsichtig um, nahm sich einen leeren Stuhl und setzte sich seinem Herrn gegenüber an den Tisch. Sofort reichte der Herold ihm Wein und Brot.

Bald darauf wankte auch Odysseus, der Bettler, an seinem Stab herein, ließ sich auf der Schwelle in der Tür nieder und lehnte sich an einen der schön geschnitzten Türpfosten aus Zypressenholz.

Sobald Telemachos ihn sah, nahm er aus dem vor ihm stehenden Korb ein ganzes Brot und eine Handvoll Fleisch und gab beides dem Sauhirten mit den Worten: „Hier, mein Freund, bring diese Gaben dem Fremden und sag ihm, er soll sich nicht schämen, bei den Brautwerbern zu betteln!“

Odysseus nahm die Gaben mit beiden Händen entgegen, legte sie vor sich auf seinen Ranzen und fing an zu essen.

Das ganze Mahl über hatte der Sänger Phemios die Gäste mit seinem Lied erfreut. Jetzt schwieg er und man hörte nur noch den wilden Lärm der Brautwerber im Saal.

In diesem Augenblick näherte sich die Göttin Athene unsichtbar Odysseus und forderte ihn dazu auf, Brocken der Brautwerber einzusammeln, um die gutmütigen von den schlechten unterscheiden zu können. Sie wollte sie zwar alle miteinander ins Verderben stürzen, aber die einen sollten einen milderen Tod sterben als die anderen.

Odysseus folgte dem Befehl der Göttin. Er ging flehend von Mann zu Mann und streckte seine Hand aus, als sei er das Betteln seit Langem gewohnt. Manche zeigten sich mitleidig und gaben ihm etwas, und die Brautwerber begannen, sich untereinander zu fragen, woher der Mann wohl kommen möge.

Da erklärte der Ziegenhirt Melanthios: „Ich habe den Burschen schon einmal gesehen, der Sauhirt hat ihn hereingebracht.“

Da fuhr Antinoos Eumaios zornig an: „Du übler Sauhirt, sag uns, warum hast du diesen Menschen in die Stadt geführt? Haben wir nicht Landstreicher genug, dass du uns auch noch diesen Fresser in den Saal schleppst?“

„Du harter Mann“, antwortete Eumaios gelassen, „den Seher, den Arzt, den Baumeister, den Sänger, der uns durch seine Lieder erfreut, sie alle ruft man in die Paläste der Großen. Den Bettler hat niemand bestellt, er kommt von selbst, aber man stößt ihn auch nicht hinaus! Und das soll auch diesem nicht geschehen, solange Penelope und Telemachos dieses Haus bewohnen."

Aber Telemachos bedeutete ihm zu schweigen und sagte: „Spare dir doch die Antwort, Eumaios. Du kennst doch die böse Gewohnheit dieses Mannes, andere zu beleidigen. Dir aber, Antinoos, sage ich: Du bist nicht mein Vormund, dass du mir befehlen dürftest, diesen Fremden aus dem Haus zu treiben. Gib ihm vielmehr zu essen und trinken und spare dabei nicht an meinem Hab und Gut! Aber du willst natürlich lieber selbst essen, als anderen etwas zu geben!"

„Sieh mal an, wie der aufsässige Junge mich beleidigt!", rief Antinoos dagegen. „Wenn jeder von uns Brautwerbern dem Bettler etwas gibt, bräuchte er drei Monate lang das Haus nicht wieder zu betreten!"

Damit ergriff er seinen Fußschemel, und als Odysseus auf seinem Rückweg zur Türschwelle an ihm vorbeiging und auch ihn noch um eine Gabe anbettelte, indem er von seinen langen Reisen durch Ägypten und Zypern sprach, rief Antinoos widerwillig: „Welcher Dämon hat uns diesen zudringlichen Schmarotzer geschickt! Verschwinde von meinem Tisch!"

Und als sich Odysseus daraufhin murrend zurückzog, warf ihm Antinoos den Fußschemel nach, sodass dieser ihm rechts auf die Schulter flog, dicht ans Genick.

Odysseus stand fest wie ein Fels und schüttelte schweigend seinen mit Plänen vollen Kopf. Dann kehrte er zur Schwelle zurück, legte den mit Gaben gefüllten Ranzen zu Boden, setzte sich und beklagte sich bei den Brautwerbern darüber, dass Antinoos ihn verletzt habe.

Dieser aber rief dem Bettler zu: „Schweig und friss, Fremder, oder verzieh dich, sonst zerrt man dich an Händen und Füßen über die Schwelle, dass dir die Glieder bluten!"

Diese Roheit empörte selbst die Brautwerber.

Einer von ihnen stand auf und sprach: „Antinoos, wie konntest du den Unglücklichen bewerfen? Das war nicht recht von dir. Was, wenn er ein Himmelsbote wäre, der Menschengestalt angenommen hat? Das geschieht ja immerhin manchmal!“

Aber Antinoos achtete nicht auf diese Warnung.

Telemachos beobachtete schweigend die Misshandlung seines Vaters und hielt nur mit Mühe seinen Zorn zurück.

Oben in ihren Räumen konnte Penelope durch die offenen Fenster alles hören, was im Saal geschah. So erfuhr sie auch, wie es dem Bettler dort erging, und empfand Mitleid mit ihm. Sie ließ heimlich den Sauhirten zu sich rufen und befahl ihm, den Bettler zu ihr zu bringen.

„Vielleicht“, setzte sie hinzu, „kann er mir etwas von meinem Mann berichten oder hat ihn sogar selbst gesehen, denn er scheint weit in der Welt herumgekommen zu sein.“

„Ja“, antwortete Eumaios, „wenn die Brautwerber ihm zuhören würden, könnte er vieles erzählen. Drei Tage schon beherberge ich ihn und seine Berichte begeistern mich wie die Lieder eines Sängers. Er stammt aus Kreta und behauptet, er sei durch väterliches Gastrecht mit deinem Mann verbunden. Er will auch wissen, dass Odysseus zurzeit im Land der Thesproter lebt und demnächst mit großer Beute heimkehren wird.“

„Geh“, sagte Penelope bewegt, „rufe den Fremden herbei, damit er mir berichtet! Diese verschwenderischen Brautwerber! Es fehlt uns nur ein Mann, wie Odysseus war. Käme so einer, würden er und Telemachos bald Rache an ihnen nehmen!“

Als sie so sprach, nieste gerade Telemachos im Saal so laut, dass das Gewölbe widerhallte.

Penelope musste lächeln und sprach zum Sauhirten: „Hörst du, wie mein Sohn zu meinen Worten niest? Ist das nicht eine gute Vorbedeutung? Ruf mir schnell den Fremden herbei!"

Eumaios meldete dem Bettler Penelopes Befehl, aber er erwiderte: „Wie gern möchte ich der Königin erzählen, was ich von Odysseus weiß, und ich weiß viel von ihm. Aber das Verhalten der Brautwerber macht mir Sorgen. Gerade jetzt, wo ich durch den Wurf des bösen Mannes dort so schwer gekränkt worden bin, hat sich weder Telemachos noch ein anderer um mich gekümmert. Darum soll Penelope sich für den Moment gedulden, bis die Sonne untergegangen ist. Dann soll sie mich gern an ihrem Ofen sitzen lassen, denn mich friert in meinen Lumpen, und dann will ich ihr alles Mögliche erzählen."

So neugierig Penelope auch auf den Fremden war, musste sie ihm doch recht geben und beschloss, sich zu gedulden.

Eumaios kehrte in den Saal zurück und flüsterte seinem jungen Herrn ins Ohr: „Ich will mich jetzt wieder auf den Weg zu meiner Hütte machen, Herr. Kümmere du dich hier um alles Nötige, besonders aber um dich selbst. Hüte dich vor jeder Gefahr, die dich vonseiten der hinterlistigen Brautwerber bedrohen könnte."

Auf Telemachos' Bitte blieb der Sauhirt aber noch so lange, bis es Abend geworden war. Dann brach er auf und versprach, am frühen Morgen mit ausgewählten Schweinen wiederzukommen.

Odysseus und der Bettler Iros

Die Brautwerber saßen noch immer beisammen, als ein berüchtigter Bettler aus der Stadt in den Saal trat, ein ungeheurer Vielfraß, groß, aber ohne Kraft. Sein Name war Arnaios, aber die Jugendlichen der Stadt hatten ihm den Schimpfnamen Iros gegeben, das heißt Bote, denn er pflegte gegen Lohn Botendienste zu tun.

Nun führte ihn die Eifersucht herbei, denn er hatte von einem Rivalen gehört, und so kam er, um Odysseus aus seinem eigenen Haus zu vertreiben.

„Verschwinde von der Tür, Alter“, rief er beim Eintreten. „Siehst du nicht, wie mir alle Zeichen geben, damit ich dich am Fuß hinausschleppe? Geh freiwillig und zwinge mich nicht dazu!“

Odysseus sah ihn finster an und sprach: „Auf der Schwelle ist Platz für uns beide. Du scheinst genauso arm zu sein wie ich. Ich gönne dir deinen Anteil, gönne du mir meinen. Reize nicht meinen Zorn und fordere mich nicht zum Faustkampf heraus. Ich bin zwar alt, aber dir würden bald Brust und Lippen bluten und das Haus dürfte morgen Ruhe vor dir haben.“

Jetzt fing Iros nur noch mehr an zu poltern: „Was schwätzt du da, Fresser? Ein paar Schläge von mir rechts und links werden dir Backen und Maul zerschmettern, dass dir die Zähne ausfallen. Hast du Lust, es mit einem jungen Mann aufzunehmen, wie ich einer bin?“

Mit lautem Lachen drehten sich die Brautwerber zu den Streitenden um, und Antinoos sprach: „Wisst ihr was, Freunde, seht ihr die Ziegenmagen, die mit Blut und Fett gefüllt auf den Kohlen braten? Diese lasst uns den beiden edlen Streitern als Kampfpreis aussetzen: Wer von beiden Sieger ist, soll sich davon nehmen, so viel er mag, und kein anderer Bettler außer ihm soll in Zukunft diesen Saal betreten!"

Der Vorschlag gefiel den Brautwerbern gut.

Odysseus aber gab sich nun ängstlich wie ein vom Elend entkräfteter Greis. Er verlangte im Voraus das Versprechen von den Brautwerbern, dass sie sich nicht auf Iros' Seite in den Kampf einmischten. Das versprachen sie ihm.

Auch Telemachos stand auf und sagte: „Fremder, wenn du es kannst, dann besiege ihn. Ich bin hier der Wirt, und wer dich verletzt, bekommt es mit mir zu tun."

Die Brautwerber nickten beifällig.

Athene hatte Odysseus inzwischen unbemerkt eine kräftigere Gestalt gegeben, und als er jetzt seinen Gürtel fester zog und die Ärmel aufkrempelte, erschienen starke Schenkel und Arme, mächtige Schultern und eine muskulöse Brust.

Die Brautwerber staunten und einer flüsterte zum anderen: „Welche Muskeln der Alte unter seinen Lumpen versteckt! Wahrlich, dem armen Iros wird es schlecht ergehen."

Auch Iros bekam bei Odysseus' Anblick Angst und ihm schlotterten die Glieder.

Antinoos, der etwas anderes von diesem Wettkampf erwartet hatte, wurde ärgerlich und sprach: „Du Großmaul, du wärst besser nie geboren worden, wenn du vor dem kraftlosen Alten erzitterst! Ich sage dir, wenn du besiegt wirst, schicke ich dich mit dem Schiff nach Epiros zu König Echetos, dem Schrecken aller Menschen. Der wird dir Nase und Ohren abschneiden und sie den Hunden vorwerfen!"

So schrie Antinoos. Iros aber zitterten die Glieder nur noch mehr. Dennoch zog man ihn mit Gewalt herbei und beide erhoben die Hände zum Kampf.

Odysseus überlegte einen Augenblick, ob er den Elenden mit einem einzigen Schlag töten oder ihm nur einen sanften

Hieb versetzen sollte, um keinen Verdacht bei den Brautwerbern zu wecken. Letzteres schien ihm klüger, und so gab er ihm denn, nachdem Iros ihn mit der Faust rechts auf die Schulter getroffen hatte, nur eine leichte Schlappe hinters Ohr. Dennoch zerbrach er ihm den Knochen, sodass Iros mit klappernden Zähnen zu Boden ging. Unter unbändigem Lachen und Klatschen der Brautwerber zog ihn Odysseus weg von der Tür über den Vorhof und zum Haupttor hinaus und lehnte ihn an die Hofmauer.

Und indem er ihm seinen Stab in die Hände gab, spottete er: „Bleib du da sitzen und verscheuche Hunde und Schweine!“

Dann kehrte er in den Saal zurück und setzte sich wieder mit seinem Ranzen auf die Schwelle.

Sein Sieg hatte den Brautwerbern Achtung eingeflößt.

Sie kamen lachend zu ihm, reichten ihm die Hände und sprachen: „Mögen dir Zeus und die Götter geben, was du dir wünschst, Fremder, weil du uns den lästigen Burschen vom Hals geschafft hast, der nun zu König Echetos wandern soll!“

Odysseus nahm den Wunsch als ein gutes Vorzeichen.

Antinoos selbst legte ihm einen mächtigen Ziegenmagen vor, der mit Fett und Blut gefüllt war.

Amphinomos brachte dazu noch zwei Brote aus dem Korb herbei, füllte einen Becher mit Wein, reichte dem Sieger die Hand und trank ihm zu, indem er sagte: „Auf dein Wohl, fremder Mann. Möge in Zukunft aller Kummer fern von dir sein!“

Odysseus sah ihn ernst an und erwiderte: „Amphinomos, du scheinst mir ein kluger Junge zu sein und bist das Kind eines angesehenen Mannes. Nimm dir mein Wort zu Herzen! Es gibt nichts Eitleres und Unbeständigeres auf Erden als den Menschen. Solange die Götter es gut mit ihm meinen, denkt er, die Zukunft könne ihm nichts Böses bringen.

Und wenn nun das Traurige doch kommt, hat er keinen Mut, es zu ertragen. Ich selbst habe das erfahren und habe im Vertrauen auf meine Jugendstärke in glücklichen Tagen auch manches getan, was ich nicht hätte tun sollen. Darum warne ich jeden, im Übermut nicht zu sündigen, und rate ihm, die Gaben der Götter in Demut zu empfangen. So ist es auch nicht klug, dass die Brautwerber sich jetzt so übel benehmen und der Frau des Mannes so viel Schande bereiten, der nicht mehr weit von seiner Heimat entfernt sein kann, der vielleicht sogar schon nah ist! Möge dich, Amphinomos, ein guter Dämon aus dem Haus wegbringen, bevor du ihm begegnest!"

So sprach Odysseus, goss eine Spende aus, trank und gab dann den Becher dem jungen Mann zurück. Der Brautwerber schritt nachdenklich, mit gesenktem Kopf und traurig durch den Saal, als ahnte er Schlimmes. Dennoch entkam er dem Schicksal nicht, das Athene für ihn vorgesehen hatte.

Penelope vor den Brautwerbern

Jetzt legte es Pallas Athene der Königin in die Seele, vor den Brautwerbern zu erscheinen, jeden von ihnen das Herz mit Sehnsucht zu erfüllen und sich durch ihr Verhalten vor ihrem Mann, dessen Gegenwart sie zwar noch nicht ahnte, und vor ihrem Sohn Telemachos im vollen Glanz ihrer Hoheit und Treue zu zeigen.

Die alte, vertraute Dienerin unterstützte ihren Entschluss: „Geh nur, Tochter", sprach sie, „und berate deinen Sohn mit einem Wort zur rechten Zeit. Aber du darfst nicht so verweint hinuntergehen. Bade und salbe dich vorher und dann zeige dich den Brautwerbern."

Aber Penelope antwortete kopfschüttelnd: „Mute mir das nicht zu. Alle Lust, mich zu schmücken, ist mir vergangen, seit mein Mann nach Troja segelte. Doch rufe mir meine Dienerinnen Autonoe und Hippodameia, damit sie mir im Saal zur Seite stehen. Denn es gehört sich nicht für mich, ohne Begleitung zu den Männern hinabzugehen."

Während sich die Dienerin Eurynome mit diesem Auftrag entfernte, ließ Athene Penelope in einen kurzen süßen Schlaf fallen und verlieh ihr die Gaben überirdischer Schönheit. Sie wusch ihr das Gesicht mit Ambrosia, Aphrodites Salbe. Sie ließ sie größer erscheinen und ihre Haut wie Elfenbein schimmern.

Dann verschwand die Göttin wieder und die beiden Mägde, die hereingelaufen kamen, weckten Penelope.

Sie rieb sich die Augen und sprach: „Wie sanft habe ich geschlafen. Mögen mir die Götter nur auf der Stelle einen so sanften Tod schicken, damit ich mich nicht länger um meinen Mann sorgen und Kummer im Haus ertragen müsste!"

Mit diesen Worten stand sie aus dem Sessel auf und stieg aus den oberen Räumen des Palastes zu den Brautwerbern hinab. Dort blieb sie in der Tür stehen, mit einem Schleier umhüllt und in jugendlicher Schönheit. Ihre Dienerinnen standen ihr zu beiden Seiten.

Als die Brautwerber sie sahen, bekamen sie alle Herzklopfen, und jeder wünschte sich, sie als seine Frau heimzuführen.

Die Königin aber wandte sich an ihren Sohn und sprach: „Telemachos, ich erkenne dich nicht. Schon als Junge zeigtest du mehr Verstand als jetzt! Welche Tat hast du soeben im Saal begehen lassen? Hast du geduldet, dass ein armer Fremder, der in unserem Haus Ruhe suchte, aufs Unwürdigste gekränkt worden ist? Das muss uns ja vor allen Menschen Schande bringen!"

„Ich nehme dir deine Empörung nicht übel, gute Mutter“, erwiderte hierauf Telemachos. „Ich habe auch sehr wohl das Unrecht erkannt. Aber diese feindseligen Männer, die um mich herumsitzen, betäuben mich ganz, und nirgends finde ich einen, der mich unterstützt. Doch ist der Kampf des Fremden mit Iros gar nicht ausgegangen, wie es die Brautwerber sich wünschten. Würden diese doch ebenso besiegt den Kopf hängen lassen wie der Elende draußen an der Hofmauer!“

Telemachos hatte so leise gesprochen, dass die Brautwerber es nicht hören konnten.

Eurymachos aber rief ganz begeistert vom Anblick der reizenden Königin: „Ikarios’ Tochter, wenn dich jeder in ganz Griechenland sehen könnte, dann erschienen morgen noch viel mehr Brautwerber zum Mahl. So weit übertriffst du alle Frauen an Schönheit und Klugheit!“

„Ach, Eurymachos“, antwortete Penelope, „meine Schönheit ist dahin, seit mein Mann mit den Griechen nach Troja aufbrach! Käme er wieder zurück und beschützte mein Leben, ja dann würde ich wieder aufblühen. Jetzt aber trauere ich. Ach, als Odysseus das Ufer verließ und mir zum letzten Mal die Hand gab, da sprach er: ‚Liebe Frau, ich denke, dass die Griechen nicht alle gesund aus Troja heimkehren. Die Trojaner sollen erfahrene Kämpfer sein, hervorragende Speerschleuderer, Bogenschützen, Wagenlenker. So weiß auch ich nicht, ob mein Dämon mich zurückführen oder dort töten wird. Kümmere dich um alles im Haus, und sorge für Vater und Mutter noch zärtlicher, als du es bisher getan hast. Und wenn dein Sohn herangewachsen ist und ich nicht mehr heimkehre, dann sollst du dich verheiraten, wenn du willst, und unser Haus verlassen.‘ So sprach er und nun wird alles wahr! Weh mir, der entsetzliche Tag der Hochzeit rückt näher, und unter welchem Kummer gehe ich ihm entgegen!

Denn diese Brautwerber da benehmen sich ganz anders, als es sonst üblich ist. Wenn andere die Tochter eines ansehnlichen Mannes zur Frau haben wollen, bringen sie Rinder und Schafe zum Mahl mit und Geschenke für die Braut. Sie verprassen nicht fremdes Eigentum ohne jede Entschädigung!"

Mit tiefer Freude hörte Odysseus diese klugen Worte.

Für die Brautwerber übernahm Antinoos die Antwort und erwiderte: „Edle Königin, gern wird dir jeder von uns die kostbarsten Gaben bringen, und wir bitten dich, lehne unsere Geschenke nicht ab. Aber in unsere Heimat kehren wir nicht zurück, bis du dir den Bräutigam aus unserer Mitte ausgewählt hast."

Alle Brautwerber stimmten dem zu. Diener wurden losgeschickt und bald wurden die Geschenke gebracht. Antinoos ließ ein gewebtes buntes Kleid herbeibringen, das von zwölf goldenen Spangen geschlossen wurde, die mit verzierten Haken in die Schlussringe eingriffen. Eurymachos' Diener brachten kunstvollen goldenen Brustschmuck, umfasst mit einem anderen edlen Metall, das wie die Sonne strahlte. Eurydamas schenkte ein Paar Ohrringe, jeder in drei Diamanten gefasst. Aus Peisanders Palast wurde eine Halskette voller kostbarer Steine herbeigetragen. Und so überreichte ihr auch jeder der anderen Brautwerber ein besonderes Geschenk. Dienerinnen des Hauses kamen, nahmen die Geschenke in Empfang und Penelope stieg damit wieder hinauf in die oberen Räume des Palastes.

Odysseus wird noch einmal ausgelacht

Die Brautwerber vergnügten sich jetzt, bis der Abend hereinbrach, beim Tanz und waren ganz ausgelassen. Als es dunkel wurde, stellten die Mägde drei Feuerschalen zur Beleuchtung auf und legten getrocknete Holzscheite, mit Kienspänen gemischt, hinein.

Während sie nun die Glut anfachten, stellte sich Odysseus zu ihnen und sagte: „Ihr Mägde des Odysseus, des allzu lange abwesenden Herrn, ihr solltet lieber oben bei eurer Fürstin sitzen, spinnen und Wolle kämmen. Für das Feuer im Saal lasst mich sorgen! Und wenn die Brautwerber auch bis zum hellen Morgen bleiben, ich werde nicht müde werden; ich bin daran gewöhnt!"

Die Mägde sahen einander an und fingen laut an zu lachen.

Schließlich sprach Melantho, eine junge, schöne Dienerin, die von Penelope wie ein Kind aufgezogen worden war, aber jetzt mit dem Brautwerber Eurymachos in Schande lebte, die frechen Worte: „Du elender Bettler, du bist doch ein Narr, dass du nicht in eine warme Schmiede oder andere Herberge schlafen gehst. Stattdessen willst du uns hier Vorschriften machen, wo doch hier so viele edlere Männer sind als du. Bist du betrunken oder bist du immer so dumm? Oder ist dir der Sieg über Iros zu Kopf gestiegen? Nimm dich in Acht, dass nicht ein Besserer aufsteht, dir rechts und links auf den Kopf schlägt und dich bluttriefend aus dem Palast verstößt!"

„Du Hündin", antwortete Odysseus finster, „ich werde deine frechen Worte Telemachos melden, damit er dich in Stücke haut!"

Die Mägde meinten, er meine das ernst. Seine Worte scheuchten sie auseinander und sie flohen mit zitternden Knien aus dem Saal.

Nun stellte sich Odysseus selbst an die Feuerschalen, fachte die Flamme an und hing seinen Rachegedanken nach.

Athene aber spornte das Herz der Verschwender zu Spott und Kränkung an, und Eurymachos sagte unter dem lauten

Gelächter seiner Freunde: „Der Mann ist wahrhaftig als lebendige Leuchte von einem Gott in diesen Saal geschickt worden. Schimmert nicht sein Kahlkopf wie eine Fackel?"

Und zu Odysseus sprach er: „Hör zu, Bursche, hättest du nicht Lust, als mein Knecht auf meinen Gütern die Dornen einzusammeln und Bäume zu pflanzen? An Kost und Nahrung sollte es dir nicht fehlen. Aber ich merke wohl, du bettelst lieber und füllst deinen Bauch mit Almosen, was keinen Schweiß kostet."

„Eurymachos", antwortete Odysseus mit fester Stimme, „ich wollte, es wäre Frühling und wir mähten miteinander um die Wette das Gras auf der Wiese. Beide müssten wir mit der Sense nüchtern bis spät in die Nacht arbeiten. Da würde sich zeigen, wer es länger aushielte! Oder ich wollte, wir ständen beide am Pflug. Da könntest du sehen, wie ich die Furche in einem Zug durchschnitte! Oder es wäre Krieg und ich trüge Schild und Helm, dazu zwei Lanzen. Da solltest du sehen, ob ich nicht in den vordersten Reihen kämpfte. Und es fiele dir bestimmt nicht ein, mich höhnend an meinen Magen zu erinnern! Du verbohrter Mensch, du hältst dich für groß und gewaltig, weil du dich erst mit wenigen und dazu nicht mit den Edelsten gemessen hast. Aber wenn einmal Odysseus in die Heimat zurückkäme, würden dir bald diese weiten Hallen zu eng werden für die Flucht!"

Jetzt wurde Eurymachos erst recht zornig. Er schrie: „Elender, empfange auf der Stelle den Lohn für deine Worte!"

Mit diesem Ruf schleuderte er einen Fußschemel nach Odysseus. Dieser aber warf sich auf den Boden, sodass der Schemel über ihm hin und dem Diener mit der Weinkanne an die rechte Hand flog. Die Weinkanne rollte mit hellem Klang auf die Erde und der Diener selbst fiel mit einem Schrei rückwärts zu Boden.

Die Brautwerber aber lärmten weiter und fluchten, dass der Fremde ihnen so ihr abendliches Vergnügen verdarb, bis Telemach höflich, aber bestimmt seine Gäste einlud, sich schlafen zu legen.

Da erhob sich Amphinomos in der Versammlung und sprach: „Ihr habt vernünftige Worte gehört, meine Freunde, widersetzt euch ihnen nicht. Auch den Fremden soll in Zukunft niemand mehr mit Worten oder Taten kränken, weder ihr noch ein Diener im Palast! Füllt die Becher noch einmal zur Opferspende und dann lasst uns nach Hause gehen. Der Fremde aber soll hier unter Telemachos' Schutz bleiben, in dessen Haus er sich geflüchtet hat."

Es geschah, wie Amphinomos geraten hatte, und bald verließen die Brautwerber den Saal.

Odysseus ist mit Telemachos und Penelope allein

Im Saal standen jetzt nur noch Odysseus und Telemachos.

„Schnell, lass uns jetzt die Rüstungen hinaustragen!", sagte Odysseus zu seinem Sohn.

Telemachos aber rief seine Pflegerin Eurykleia heraus und befahl ihr: „Halte mir die Mägde innen zurück, bis ich Vaters Waffen aus dem ständigen Dampf in die Kammer getragen habe."

„So ist es richtig", antwortete Eurykleia, „dass du endlich auch einmal daran denkst, auf das Haus zu achten und deinen Besitz zu schützen! Aber wer soll dir leuchten, wenn keine Dienerin mit dir gehen soll?"

„Der Fremde dort hilft mir!", erwiderte Telemachos lächelnd. „Wer von meinem Brotkorb isst, darf nicht untätig sein!"

Dann trugen Vater und Sohn die Helme, Schilde, Lanzen, alles miteinander in die Kammer. Vor ihnen her schritt mit goldener Feuerschale Pallas Athene und verbreitete Licht überall.

„Welch ein Wunder“, sagte Telemachos leise zum Vater. „Wie die Wände schimmern! Wie deutlich sehe ich alles. Es leuchtet wie Feuer! Es muss ein Gott bei uns sein, ein Himmelsbewohner!“

„Sei still, Sohn“, antwortete Odysseus, „und forsche nicht länger nach. Das ist so der Brauch der Unsterblichen. Lege dich jetzt schlafen. Ich selbst will noch ein wenig aufbleiben und Mutter und Dienerinnen auf die Probe stellen.“

Telemachos entfernte sich, und Penelope trat jetzt aus ihrer Kammer in den Saal, schön wie Artemis und Aphrodite. Sie stellte sich ihren eigenen, kostbar mit Silber und Elfenbein ausgestatteten Sessel zum Feuer und setzte sich auf den Schafspelz, der ihn bedeckte. Dann kam eine Gruppe von Mägden, die Brot und Becher von den Tischen räumten und aufs Neue für Beleuchtung und Wärme sorgten.

Da geschah es, dass die Dienerin Melantho Odysseus zum zweiten Mal verspottete: „Fremder“, sagte sie, „du wirst doch nicht die Nacht über dableiben und im Palast herumlungern wollen? Verschwinde auf der Stelle, sonst fliegt die Fackel dir hinterher!“

Odysseus schaute sie finster an und entgegnete: „Du Dumme, verachtest du mich, weil ich in Lumpen gehe und bettle? Ist das nicht das Schicksal aller Umherirrenden? Ich war auch einmal glücklich und wohnte in einem reichen Haus. Ich gab jedem Fremden, was er brauchte, egal, wie er aussah. Ich hatte auch viele Diener und Dienerinnen, doch Zeus hat mir alles genommen. Vergiss nicht, Frau, dass es dir auch so gehen könnte. Was wäre, wenn die Fürstin einmal ernsthaft zornig auf dich wäre? Oder wenn Odysseus heimkäme? Noch ist die Hoffnung dazu nicht ganz verschwunden! Oder wenn Telemachos, der kein Kind mehr ist, an seiner Stelle handelte?"

Penelope hörte, was der Bettler sagte, und schimpfte mit der übermütigen Dienerin: „Schamloses Weib, ich kenne deine schlechte Seele wohl und weiß, was du tust. Du sollst es mir mit deinem Kopf büßen! Du hast doch selbst von mir gehört, dass ich den Fremden ehre und ihn in meinen eigenen Räumen über meinen Mann befragen will. Und dennoch wagst du es, ihn zu verspotten!"

Melantho schlich eingeschüchtert davon.

Die Dienerin musste dem Bettler einen Stuhl hinstellen, und nun begann Penelope das Gespräch: „Vor allen Dingen, Fremder", sagte sie, „berichte mir, woher du kommst und wer deine Familie ist."

„Königin", antwortete Odysseus, „du bist eine untadelhafte Frau, auch der Ruhm deines Mannes ist groß. Dein Volk und dein Land werden gelobt. Aber frage mich nach allem, nur nicht nach meiner Familie und meiner Heimat. Ich habe zu viel Schmerz erlitten, als dass ich daran erinnert werden dürfte."

Hierauf fuhr Penelope fort: „Du siehst, Fremder, dass es mir auch nicht besser ergangen ist, seit mein geliebter Mann mich verlassen hat. Du kannst die Männer selbst zählen, die um mich werben und mich bedrängen und denen ich seit drei Jahren durch eine List entgangen bin, die ich jetzt nicht mehr fortsetzen kann."

Damit erzählte sie ihm von ihrer Weberei und wie der Betrug durch die Mägde entdeckt worden war.

„In Zukunft kann ich“, endete sie, „der Hochzeit nicht mehr ausweichen. Meine Eltern drängen mich, mein Sohn ärgert sich über die Verschwendung seines Erbes. So siehst du, wie es mir ergeht. Nun verschweige mir auch nicht den Namen deiner Familie!“

„Wenn du mich dazu zwingst“, erwiderte Odysseus, „so will ich es dir wohl sagen.“

Und nun erzählte er wieder sein altes Lügenmärchen von Kreta. Dieses sah der Wahrheit so ähnlich, dass Penelope in Tränen ausbrach und Odysseus zutiefst Mitleid mit ihr bekam. Dennoch war er besonnen genug, die Tränen zurückzuhalten.

Als die Königin lange genug geweint hatte, fragte sie weiter: „Jetzt muss ich doch auch erfahren, Fremder, ob es wirklich wahr ist, dass du meinen Mann in deinem Haus bewirtet hast. Sage mir doch, was er anhatte, wie er aussah, wer bei ihm war.“

„Das ist schwer nach so langer Zeit“, erwiderte Odysseus, „denn es geht nun ins zwanzigste Jahr, dass der Held bei uns auf Kreta landete. Doch soweit ich mich erinnere, war seine Kleidung doppelt, purpurn, von langer Wolle, eine goldene Spange daran, die mit doppelten Röhren schloss. Vorn war eine prächtige Stickerei angebracht, ein Reh, das zwischen den Vorderklauen eines Hundes zappelte. Unter dem Purpurmantel schaute der feinste schneeweiße Leibrock hervor. Ein buckliger Herold mit Locken und braunem Gesicht namens Eurybates folgte ihm.“

Von Neuem musste die Königin weinen, denn alle Zeichen stimmten genau. Odysseus tröstete sie mit einem neuen Märchen, in das er jedoch manche Wahrheit mischte, von seiner Landung auf Thrinakia und seinem Aufenthalt im Land der Phäaken. Das alles wollte der Bettler vom König der Thesproten erfahren haben, wo Odysseus sich vor seiner Reise zum Orakel nach Dodona zuletzt aufgehalten und große Schätze hinterlegt habe. Der Bettler behauptete, die Schätze selbst gesehen zu haben. Somit sei sicher, dass Odysseus heimkehren werde.

Aber seine Worte konnten Penelope nicht überzeugen.

„Ich fühle“, sprach sie mit gesenktem Kopf, „dass das niemals geschehen wird.“

Sie wollte nun den Mägden befehlen, dem Fremden die Füße zu waschen und ihm ein gutes, warmes Lager zu bereiten. Odysseus lehnte jedoch den Dienst der verhassten Dienerinnen ab und wollte wie bisher auf schlechtem Stroh liegen.

„Nur wenn du eine alte, gewissenhafte Dienerin hast, Königin“, sprach er, „die schon so viel im Leben erleiden musste wie ich, soll sie mir die Füße waschen.“

„Nun, so steh auf, ehrliche Eurykleia“, rief Penelope. „Du hast doch Odysseus großgezogen. Wasche nun diesem da die Füße, der genauso alt ist wie dein Herr. Ach“, sagte sie mit einem Blick auf den Bettler, „solche Füße, solche Hände hat vielleicht jetzt auch Odysseus. Im Unglück altern die Menschen früh!“

Die greise Pflegerin weinte bei diesen Worten, und als sie dem Fremden die Füße waschen wollte und ihn nun schärfer ins Auge fasste, da sprach sie: „Es haben uns schon viele Fremde besucht, aber noch kein Mensch ist mir Odysseus so ähnlich an Stimme, Gestalt und Füßen erschienen wie du!“

„Ja, das haben alle gesagt, die uns beide gesehen haben“, antwortete Odysseus gleichgültig, während er am Feuer saß und sie die Wanne zum Waschen der Füße mit kaltem und kochendem Wasser füllte.

Als sie sich an die Arbeit machte, rückte Odysseus vorsichtig ins Dunkel, denn er hatte von seiner frühen Jugend her über dem rechten Knie eine tiefe Narbe, wo ihn einmal auf der Jagd ein Eber verletzt hatte. Er fürchtete, daran von der alten Frau erkannt zu werden, und rückte deswegen mit den Füßen aus dem Licht. Aber es war vergebens. Sobald die Dienerin mit den flachen Händen über die Stelle strich, erkannte sie die Narbe und ließ vor Freude und Schrecken das Bein in die Wanne fallen, dass es schepperte und das Wasser überspritzte. Atem und Stimme versagten ihr und ihre Augen füllten sich mit Tränen.

Endlich fasste sie den Helden beim Knie: „Odysseus, mein Sohn, wahrlich, du bist es!“, rief sie.

Aber Odysseus drückte ihr mit der rechten Hand den Mund zu, mit der linken zog er sie an sich und flüsterte: „Mütterchen, willst du mich vernichten? Du hast recht, aber noch darf es kein Mensch im Palast wissen! Wenn du nicht schweigst und es mir gelingt, die Brautwerber zu besiegen, so erwartet dich dasselbe Schicksal wie die gottlosen Mägde!“

„Was redest du da!“, antwortete die Dienerin ruhig, als er die Hand von ihrem Mund genommen hatte. „Weißt du nicht, dass mein Herz fest ist wie Fels und Eisen? Hüte dich nur vor den anderen Mägden im Palast! Ich will dir alle nennen, die dich verachten.“

„Das musst du nicht“, sprach Odysseus, „ich kenne sie schon und du kannst beruhigt sein!“

Inzwischen hatte Eurykleia ein zweites Fußbad geholt, denn das erste war ganz verschüttet.

Nachdem er nun gebadet und gesalbt war, unterhielt sich Penelope noch eine Weile mit ihm.

„Ich bin ganz hin- und hergerissen, guter Fremder“, sagte sie, ob ich bei meinem Sohn bleiben soll, aus Respekt vor meinem Mann, der ja doch vielleicht noch lebt. Soll ich für ihn unser Gut verwalten, oder soll mich der edelste der Brautwerber, der die prächtigste Brautgabe bietet, heimführen? Solange Telemachos noch ein Kind war, ließ mich seine Jugend nicht heiraten. Da er aber jetzt erwachsen geworden ist, wünscht er selbst, dass ich aus dem Haus gehe, weil sein Erbe sonst vollständig verschwendet wird.

Aber jetzt erkläre mir auch noch einen Traum, lieber Mann, da du doch so klug zu sein scheinst: Ich habe zwanzig Gänse im Haus und sehe ihnen immer mit Freude zu, wie sie ihren Weizen fressen. Da träumte ich nun, dass ein Adler aus dem Gebirge kam und meinen Gänsen die Hälse brach. Alle lagen ermordet da, wild durcheinander im Palast. Der Raubvogel aber schwang sich in die Lüfte. Ich fing laut an zu schluchzen und träumte weiter. Mir war, als kämen die Frauen aus der Nachbarschaft, um mich in meinem Kummer zu trösten. Auf einmal kehrte auch der Adler zurück, setzte sich auf das Fenstersims und fing an, mit Menschenstimme zu reden: ‚Sei nur ruhig, Ikarios' Tochter, das ist eine Weissagung und kein Traum. Die Brautwerber sind die Gänse. Ich selbst, der ich ein Adler war, bin Odysseus. Ich bin zurückgekommen, um alle Brautwerber umzubringen.' So sprach der Vogel und ich wachte auf. Sogleich ging ich, um nach meinen Gänsen zu schauen, aber sie standen ganz ruhig am Trog und fraßen."

„Fürstin", erwiderte der versteckte Bettler, „es ist sicher so, wie dir Odysseus im Traum sagte. Die Weissagung kann gar keine andere Bedeutung haben. Er wird kommen und kein Brautwerber wird am Leben bleiben."

Aber Penelope seufzte und sprach: „Träume sind doch nur Schäume, und morgen kommt der entsetzliche Tag, der mich vom Haus des Odysseus wegführen wird. Da will ich den Wettkampf bestimmen. Mein Mann stellte manchmal zwölf

Äxte hintereinander auf. Dann trat er weit zurück und schoss einen Pfeil durch alle zwölf hindurch. Welcher der Brautwerber dieses Kunststück mit Odysseus' Bogen, den ich immer noch aufbewahre, vollbringt, dem will ich folgen."

„Mach das so, ehrwürdige Königin", sprach Odysseus entschlossen. „Bestimme morgen auf der Stelle den Wettkampf, denn eher kommt Odysseus nach Hause, als dass einer der Brautwerber einen Pfeil durch die zwölf Löcher der Äxte schießt."

Die Nacht und der Morgen im Palast

Die Königin sagte dem Fremden gute Nacht, und Odysseus begab sich in den Vorsaal, wo ihm Eurykleia ein gemütliches Bett bereitet hatte. Über eine ungegerbte Stierhaut waren Schafspelze gebreitet und als Decke diente ein Mantel.

Odysseus wälzte sich lange schlaflos auf seinem Lager. Die schamlosen Mägde, die zu den Brautwerbern hielten, stürmten unter Scherz und Gelächter an ihm vorbei, sodass es ihn zutiefst empörte. Aber er sagte zu sich selbst: „Halte es aus, du hast doch schon Härteres ertragen! Weißt du nicht mehr, wie du beim Zyklopen gesessen hast und dabei zusehen musstest, wie das Ungeheuer deine Freunde fraß? Halte durch!" So bezwang er sich selbst, doch warf er sich noch lange hin und her und schmiedete Rachepläne gegen die Brautwerber.

Da beugte sich auf einmal Athene in Gestalt einer jungen Frau über ihn und machte seinen ängstlichen Gedanken, wie er so viele besiegen könnte, ein Ende: „Du Mutloser, schon zu einem sterblichen Freund, der nicht so viel Klugheit und Kraft hat, hat man mehr Vertrauen. Ich aber bin eine Göttin und beschütze dich in jeder Gefahr. Selbst wenn dich fünfzig

Truppen voller Mordlust umzingelten, würdest du doch heil herauskommen! Schlaf jetzt nur ruhig."

So sprach sie und bedeckte ihm die Augenlider mit süßem Schlaf.

Penelope ihrerseits erwachte nach kurzem Schlaf, setzte sich aufrecht in ihrem Bett hin und fing laut an zu weinen.

Unter Tränen betete sie zur Göttin Artemis: „Zeus' heilige Tochter", rief sie flehend, „lieber sollte mich auf der Stelle dein Pfeil ins Herz treffen oder ein Sturm mich ans fernste Ufer des Ozeans tragen, ehe ich Odysseus untreu werden und mich mit einem schlechteren Mann verheiraten muss! Erträglich ist das Leiden, wenn man den Tag durchweint und doch die Nacht über Ruhe hat. Mich aber peinigt ein Dämon selbst im Schlaf mit den schmerzlichsten Träumen! So war mir gerade noch, als stände mein Mann neben mir, groß und herrlich anzusehen, ganz so, wie er mit dem Kriegsheer davonzog. Und mein Herz war voll Freude, denn ich meinte, es sei wahr!"

Odysseus hörte sie schluchzen, und er befürchtete, zu früh erkannt zu werden. Eilig sprang er auf, verließ den Palast und betete unter freiem Himmel zu Zeus um ein günstiges Zeichen für seine Pläne. Da erschien ein gewaltiges Licht am Himmel und ein plötzlicher Donner grollte über dem Palast.

In der nahen Mühle hielt eine Müllerin bei der nächtlichen Arbeit inne, sah zum Himmel und rief: „Wie doch Zeus donnert, dabei sind weit und breit keine Wolken zu sehen! Er hat wohl einem Sterblichen ein Zeichen gegeben! Oh Vater der Götter und Menschen, mögest du auch meinen Wunsch erfüllen und die verfluchten Brautwerber vernichten, die mich Tag und Nacht in der Mühle das Mehl für ihre Mahlzeiten bereiten lassen!"

Odysseus freute sich über die gute Vorbedeutung und kehrte in den Palast zurück.

Hier wurde es allmählich laut, die Mägde kamen und zündeten das Feuer auf dem Herd an.

Telemachos warf sich in die Kleider, ging zu den Frauenräumen und fragte die alte Dienerin Eurykleia: „Habt ihr den Gast auch mit Speise und einem Lager versorgt oder liegt er unbeachtet da? Die Mutter scheint ganz von Sinnen zu sein, dass sie den schlechten Brautwerbern so viel Ehre erweist und den besseren Mann ungeehrt lässt!"

„Du tust meiner Herrin unrecht", antwortete Eurykleia, „der Fremde trank so lange und so viel Wein, wie er wollte, und essen wollte er auch nichts mehr. Man bot ihm ein bequemes Lager an, aber er wollte es nicht. Mit Mühe ließ er sich ein schlechteres gefallen."

Nun lief Telemachos, von seinen Hunden begleitet, zur Volksversammlung auf dem Markt.

Die Dienerin aber befahl den Mägden, alles für das bevorstehende Mahl zum Neumondfest zuzubereiten. Da legten die einen purpurne Teppiche auf die Sessel, andere scheuerten die Tische mit Schwämmen, wieder andere reinigten die Mischkrüge und die Becher, und zwanzig von ihnen liefen an den Quellbrunnen, um Wasser zu schöpfen.

Auch die Diener der Brautwerber kamen heran und spalteten Holz in der Vorhalle.

Der Sauhirt kam mit den fettesten Schweinen herbei und grüßte seinen alten Gast aufs Freundlichste.

Melanthios kam in Begleitung zweier Geißhirten und brachte die auserlesensten Ziegen, die von den Knechten in der Halle angebunden wurden.

Er sprach im Vorübergehen zu Odysseus mit höhnischem Ton: „Alter Bettler, bist du immer noch da und weichst nicht von der Tür? Wir nehmen wahrscheinlich nicht Abschied voneinander, bevor du meine Fäuste gekostet hast! Gibt es denn gar kein anderes Mahl, bei dem du betteln kannst?"

Odysseus erwiderte darauf nichts, sondern schüttelte nur den Kopf.

Nun betrat ein ehrlicher Mann den Palast. Es war Philötios, der den Brautwerbern ein Rind und gemästete Ziegen mit dem Schiff herbeigebracht hatte.

Er sagte im Vorübergehen zu dem Sauhirten: „Eumaios, wer ist doch der Fremde, der vor Kurzem in dieses Haus kam? Er gleicht ganz und gar unserem König Odysseus. So kann es doch wohl geschehen, dass das Elend auch einmal Könige in Bettler verwandelt!"

Dann ging er zu dem verkleideten Helden hinüber, reichte ihm die Hand und sprach: „Fremder, so unglücklich du scheinst, möge es dir wenigstens in Zukunft gut gehen! Als ich dich sah, traten mir Tränen in die Augen, denn ich musste an Odysseus gedenken, der jetzt wohl auch in Lumpen gehüllt in der Welt umherirrt, wenn er überhaupt noch lebt! Schon als Junge hat er mich zum Hüter seiner Rinder gemacht und ihre Zucht gedeiht großartig. Leider aber muss ich sie anderen zum Mahl bringen! Ich wäre längst vor Ärger aus diesem Land geflohen, wenn ich nicht immer noch hoffte, Odysseus kehre einmal zurück und jage diesen Schwarm auseinander."

„Kuhhirt", erwiderte ihm Odysseus, „du scheinst kein schlechter Mann zu sein. Ja, beim Zeus schwöre ich dir, heute noch und noch während du im Palast bist, kehrt Odysseus heim. Und du wirst sehen, wie er die Brautwerber abschlachtet!“

„Möge Zeus es wahr machen“, sagte der Rinderhirt. „Meine Hände sollten auch dabei nicht ruhen!“

Das Festmahl

Die Brautwerber trafen allmählich auch im Palast ein, nachdem sie in ihrer Versammlung Telemachos’ Ermordung geplant hatten. Sie legten ihre Mäntel ab, die Tiere wurde geschlachtet, gebraten und verteilt. Diener mischten den Wein in Krügen, der Sauhirt reichte die Becher umher, Philötios Brot in zierlichen Körben. Melanthios schenkte den Wein ein und das Mahl begann.

Telemachos setzte Odysseus absichtlich auf einen schlechteren Stuhl an die Türschwelle und stellte einen armseligen Tisch vor ihn.

Hier ließ er ihm gebratene Eingeweide servieren, füllte seinen Becher mit Wein und sprach: „Hier kannst du ruhig essen, und ich will keinem raten, dich zu beleidigen!“

Antinoos selbst ermahnte seine Freunde, den Fremden gewähren zu lassen, denn er merkte wohl, dass dieser unter Zeus’ Schutz stand.

Aber Athene stachelte die Brautwerber heimlich zum Spott an.

Unter ihnen war ein bösartiger Mann namens Ktesippos, der sprach mit höhnischem Lächeln: „Zwar hat der Fremde längst seinen Anteil, so gut wie wir selbst, und es wäre auch nicht recht, wenn Telemachos einen so vornehmen Gast überginge! Doch will ich ihm noch ein besonderes Gastgeschenk überreichen. Damit kann er die Dienerin bezahlen, die ihm den Schmutz abgewaschen hat!“

Mit diesen Worten zog er einen Kuhfuß aus dem Korb und schleuderte ihn mit Schwung nach dem Bettler. Aber Odysseus wich mit dem Kopf aus und unterdrückte seinen Zorn mit einem grässlichen Lächeln. Der Knochen prallte gegen die Mauer.

Jetzt stand Telemachos auf und rief: „Sei froh, Ktesippos, dass du den Fremden nicht getroffen hast, denn dann hätte ich dich mit der Lanze durchbohrt und dein Vater hätte dir eine Leichenfeier statt der Hochzeit ausrüsten können! Keiner von euch erlaube sich mehr eine Unschicklichkeit in meinem Haus! Lieber bringt mich selbst um, als dass ihr die Fremden beleidigt. Es wäre mir auch lieber zu sterben, als immer solche Schandtaten mit anzusehen!“

Alle verstummten, als sie solche ernsten Worte hörten.

Endlich stand Agelaos auf und sprach: „Telemachos hat recht! Aber er und seine Mutter sollen jetzt ein Wort in Güte mit sich reden lassen. Solange es noch Hoffnung gab, dass Odysseus jemals in seine Heimat zurückkehren könne, war es verständlich, die Brautwerber hinzuhalten. Jetzt aber gibt es keinen Zweifel mehr, dass er niemals zurückkommt. Nun geh also zu deiner Mutter, Telemachos, und fordere sie auf, den unter uns, der am edelsten ist und die meisten Gaben bietet, zu wählen, damit du selbst in Zukunft dein väterliches Erbe in vollem Umfang genießen kannst!“

Telemachos erhob sich und sprach: „Beim Zeus, auch ich verzögere die Wahl nicht länger. Vielmehr rede ich meiner Mutter schon lange zu, sich für einen der Bewerber zu entscheiden. Aber mit Gewalt werde ich sie nie aus dem Haus treiben!“

Diese Worte wurden von den Brautwerbern mit lautem Gelächter aufgenommen, denn schon verwirrte Pallas Athene ihren Geist, sodass sie grinsend ihre Gesichter verzerrten. Auch stopften sie das Fleisch halb roh und blutig in sich hinein. Plötzlich füllten sich ihre Augen mit Tränen und sie gingen von der größten Ausgelassenheit zur tiefsten Schwermut über.

Dies alles bemerkte der Seher Theoklymenos wohl, und er sprach: „Was ist mit euch, ihr Armen? Eure Köpfe sind ja wie umnebelt, eure Augen voll Wasser und aus eurem Mund tönen Jammern und Klagen! Und was sehe ich? Von allen Wänden trieft Blut, Halle und Vorhof wimmeln von Gestalten des Hades und die Sonne am Himmel ist ausgelöscht!“

Die Brautwerber aber verfielen wieder in ihre vorige Lustigkeit und fingen aus Leibeskräften an zu lachen.

Endlich sprach Eurymachos zu den anderen: „Dieser Fremde, der sich erst seit Kurzem in unserer Mitte befindet, ist wahrhaftig ein Narr. Schnell, ihr Diener, wenn er hier im Saal nichts als Nacht sieht, so führt ihn hinaus auf die Straße und den Markt!“

„Ich brauche deine Begleiter nicht, Eurymachos“, antwortete Theoklymenos entrüstet, indem er aufstand. „Meine Augen, Ohren und Füße sind gesund. Auch ist mein Verstand noch in Ordnung. Ich gehe von selbst, denn mein Geist sagt mir Unheil voraus, das auf euch zukommt und dem keiner von euch entflieht.“

Damit verließ er eilig den Palast und ging zu seinem vorigen Gastfreund Peiraios, von dem er sehr freundlich aufgenommen wurde.

Die Brautwerber aber fuhren fort, Telemachos zu verspotten.

„Schlechtere Gäste als du, Telemachos“, sprach einer von

ihnen, „hat noch kein Mensch der Welt bewirtet: einen ausgehungerten Bettler und einen Narren, der wahrsagt! Du solltest mit ihnen durch Griechenland reisen und sie für Geld auf den Märkten ausstellen!“

Telemachos schwieg und sandte seinem Vater einen Blick zu, denn er wartete nur auf das Zeichen, um loszubrechen.

Der Wettkampf mit dem Bogen

Jetzt war auch Penelopes Zeit gekommen. Sie nahm einen schönen Schlüssel aus Erz mit einem Griff aus Elfenbein zur Hand und lief damit, von Dienerinnen begleitet, in eine ferne Hinterkammer, in der allerlei kostbare Dinge aus Erz, Gold und Eisen von König Odysseus aufbewahrt wurden. Hier lagen auch sein Bogen und der Köcher voller Pfeile, beides Geschenke eines Gastfreundes.

Als Penelope die Tür aufgeschlossen hatte, schob sie die Riegel zurück. Die Türflügel öffneten sich, Penelope trat ein und musterte die Kästen, in denen Kleider und Geräte verwahrt lagen. Da fand sie auch Bogen und Köcher an einem Nagel hängen, streckte sich und nahm beide herab. Der Schmerz überwältigte sie. Mit Bogen und Köcher auf dem Schoß, setzte sie sich auf einen Stuhl und weinte lange. Endlich erhob sie sich. Die Waffen wurden in eine Truhe gelegt, mit der die Dienerinnen ihr folgten.

So trat sie mitten unter die Brautwerber in den Saal, befahl Ruhe und sprach: „Nun, ihr Werber, wer mich gewinnen will, der mache sich bereit. Es gibt jetzt einen Wettkampf!

Hier ist der große Bogen meines erhabenen Mannes: Wer ihn am leichtesten spannt und einen Pfeil durch die Löcher von zwölf hintereinander aufgestellten Äxten schießt, der soll mich zur Frau haben und diesen Palast meines ersten Mannes mit mir verlassen."

Hierauf befahl sie dem Sauhirten, den Brautwerbern Bogen und Pfeile vorzulegen.

Weinend nahm Eumaios die Waffen aus der Truhe und breitete sie vor den Kämpfern aus, und auch der Rinderhirt weinte.

Das ärgerte Antinoos: „Dumme Bauern", schimpfte er, „was macht ihr mit euren Tränen unserer Königin das Herz schwer! Esst weiter oder weint draußen vor der Tür! Wir aber, ihr Brautwerber, wollen uns an den schweren Wettstreit machen. Denn mir scheint, diesen Bogen da zu spannen, ist gar nicht so leicht. Keiner von uns ist wie Odysseus. Ich erinnere mich noch gut an ihn, obwohl ich damals noch ein kleiner Junge war und kaum reden konnte."

So sprach Antinoos, hatte aber in seiner Vorstellung die Bogensehne schon gespannt und den Pfeil durch die Äxte geschossen. Ihn aber würde der erste Pfeil aus Odysseus' Hand treffen.

Jetzt stand Telemachos auf und sprach: „Zeus muss mir meinen Verstand genommen haben! Meine Mutter erklärt sich bereit, dieses Haus zu verlassen und einem Brautwerber zu folgen, und ich freue mich darüber. Also los, wagt den Wettkampf um eine Frau, wie es in ganz Griechenland keine mehr gibt. Aber das wisst ihr ja selbst und ich muss euch meine Mutter nicht anpreisen. Darum ohne Zögern den Bogen gespannt! Ich hätte selbst Lust, mich im Wettkampf zu versuchen. Und wenn ich euch besiegte, würde meine Mutter das Haus nicht verlassen müssen!"

So sprach er, warf Purpurmantel und Schwert von der

Schulter, zog eine Furche durch den Estrich des Saales, bohrte die Äxte, eine um die andere, in den Boden und stampfte die Erde wieder fest. Alle Zuschauer bewunderten seine Kraft und sichere Genauigkeit.

Dann griff er selbst nach dem Bogen und stellte sich damit auf die Schwelle. Dreimal versuchte er, den Bogen zu spannen, dreimal versagte ihm die Kraft. Nun zog er die Sehne zum vierten Mal an, und diesmal wäre es ihm gelungen, aber ein Zeichen seines Vaters hielt ihn zurück.

„Ihr Götter“, rief er, „entweder bin ich ein Schwächling oder noch zu jung und nicht imstande, einen Beleidiger abzuwehren! So versucht es denn ihr anderen, die ihr kräftiger seid als ich!“

Mit diesen Worten lehnte er Bogen und Pfeil an den Türpfosten und setzte sich wieder auf den Thronsessel, von dem er aufgestanden war.

Mit triumphierender Miene erhob sich jetzt Antinoos und sprach: „Auf denn, ihr Freunde, fangt an dort hinten, von links nach rechts!“

Da stand zuerst Leiodes auf, der immer ganz hinten am großen Mischkrug saß. Er war der Einzige, dem der Unfug der Brautwerber zuwider war und der die ganze Meute hasste. Er trat auf die Schwelle und bemühte sich vergebens, den Bogen zu spannen.

„Soll es ein anderer versuchen“, rief er, indem er die Hände schlaff herabsinken ließ, „ich bin nicht der Richtige! Und vielleicht gibt es keinen in der Runde, der es kann.“

Mit diesen Worten lehnte er Bogen und Köcher an den Pfosten.

Aber Antinoos schimpfte: „Das ist eine ärgerliche Rede, Leiodes. Weil du ihn nicht spannen kannst, soll es auch kein anderer können? Auf, Melanthios“, sagte er dann zum Ziegenhirten, „zünde ein Feuer an, stell uns den Sessel davor und bring uns eine tüchtige Scheibe Speck. Damit wollen wir den ausgetrockneten Bogen erwärmen und einfetten, dann wird es besser gehen!"

Es geschah, wie er befohlen hatte, aber es war vergebens. Umsonst bemühte sich ein Brautwerber nach dem anderen, den Bogen zu spannen. Zuletzt waren nur noch die beiden Tapfersten, Antinoos und Eurymachos, übrig.

Odysseus gibt sich den guten Hirten zu erkennen

Nun geschah es, dass sich beim Hinausgehen aus dem Palast der Rinderhirt und der Sauhirt begegneten und Odysseus ihnen folgte.

Als sie den Vorhof überquert hatten, holte er sie ein und sagte leise zu ihnen: „Ihr Freunde, ich möchte gern ein Wort mit euch reden, wenn ich mich auf euch verlassen kann, sonst schweige ich lieber. Wie wäre es, wenn ein Gott Odysseus jetzt plötzlich aus der Fremde nach Hause zurückbrächte? Würdet ihr auf der Seite der Brautwerber stehen oder auf seiner? Redet nur ganz offen."

„Oh Zeus im Olymp", rief als Erster der Rinderhirt, „wenn mir dieser Wunsch erfüllt würde und Odysseus wiederkäme! Da solltest du sehen, wie ich mit ihm kämpfen würde!"

Ebenso flehte Eumaios zu allen Göttern, dass sie seinen Herrn heimbringen mögen.

Als Odysseus nun ihre Einstellung kannte, sprach er: „Also gut, hört zu: Ich bin selbst Odysseus! Nach unvorstellbaren Leiden komme ich nach zwanzig Jahren zurück in meine Heimat und sehe, dass ich euch beiden willkommen bin, euch allein unter allen Dienern und Dienerinnen, denn keinen von ihnen hörte ich je zu den Göttern um meine Wiederkehr beten. Wenn ich die Brautwerber besiegt habe, will ich jedem von euch eine Frau geben, Äcker schenken und ein Haus bauen, ganz nah bei meinem Haus. Und Telemachos soll euch behandeln wie seine leiblichen Brüder. Damit ihr aber seht, dass ich es wirklich bin, seht hier die Narbe von der Wunde, die ein Eber mir als Jungen zugefügt hat."

Damit zeigte er ihnen seine große Narbe.

Da fingen die beiden Hirten an zu weinen, umarmten ihren Herrn und küssten ihm Gesicht und Schultern.

Auch Odysseus küsste die treuen Knechte, dann aber sprach er: „Achtet darauf, liebe Freunde, keinem im Palast etwas zu verraten. Lasst uns einzeln, einer nach dem anderen, wieder hineingehen. Dann werden es die Brautwerber nicht erlauben, dass auch mir Bogen und Köcher gereicht werden. Du aber, Eumaios, geh nur frech mit dem Bogen durch den Saal und gib ihn mir. Zugleich befiehlst du den Frauen, die Türen des Hinterzimmers fest zu verriegeln. Und auch wenn sie aus dem Saal Lärm, Stöhnen und Geschrei hören, sollen alle im Zimmer bleiben und ruhig weiterarbeiten. Dir aber, treuer Philötios, vertraue ich das Hoftor an. Riegle es fest zu und binde das Seil ums Schloss."

Nach diesen Anweisungen ging Odysseus in den Saal zurück und die Hirten folgten ihm einer nach dem anderen.

Eurymachos drehte gerade den Bogen unermüdlich über dem Feuer, um ihn zu wärmen, aber es gelang ihm nicht, die Sehne zu spannen.

Mutlos seufzte er: „Wie sehr mich das kränkt! Es ärgert mich nicht so sehr, Penelope nicht heiraten zu können, denn es gibt noch genug Griechinnen in Ithaka und anderswo. Aber dass wir gegen den Helden Odysseus so ganz kraftlos erscheinen, darüber werden uns unsere Enkel noch verspotten!“

Antinoos aber wies den Freund zurecht und sagte: „Sprich nicht so, Eurymachos. Heute feiert das Volk ein großes Fest. Da gehört es sich eigentlich gar nicht, den Bogen zu spannen. Lasst uns Pfeile und Bogen weglegen und lieber wieder etwas trinken. Die Äxte können ja im Saal stehen bleiben. Wir opfern dann morgen dem Apollon und führen den Bogenkampf zu Ende!“

Jetzt wandte sich Odysseus an die Brautwerber und sprach: „Ihr habt recht, euch heute auszuruhen. Morgen wird euch hoffentlich Apollon den Sieg schenken. Inzwischen erlaubt mir, den Bogen auszuprobieren und zu sehen, ob in den elenden Gliedern noch etwas von der alten Kraft geblieben ist.“

„Fremder“, fuhr Antinoos bei diesen Worten auf, „hast du völlig den Verstand verloren? Hat dich der Wein betrunken gemacht? Willst du Streit anfangen wie der Zentaur Eurytion auf Peirithoos’ Hochzeit? Denke daran, dass es ihn selbst ins Verderben stürzte. [*Eurytion war als einziger Zentaur zur Hochzeit König Peirithoos’ eingeladen worden und machte sich betrunken an die Braut heran. Darauf wurden ihm Nase und Ohren abgeschnitten.*] So soll auch dich das Unheil treffen, sobald du den Bogen spannst, und du wirst keinen Fürsprecher mehr unter uns finden!“

Nun mischte sich auch Penelope in den Streit und sprach mit sanfter Stimme: „Antinoos, es würde sich nicht gehören, den Fremden vom Wettkampf auszuschließen! Fürchtest du etwa, der Bettler könnte mich zur Frau bekommen, wenn es ihm gelänge, den Bogen zu spannen? Darüber macht er sich selbst wohl kaum Hoffnungen. Seid darüber nur alle unbesorgt! Das wäre ja unmöglich, unmöglich!“

„Nicht das fürchten wir, oh Königin, nein!“, antwortete ihr Eurymachos hierauf. „Wir fürchten nur das Gerede der

Griechen, dass nur schlechte Männer, von denen keiner den Bogen des unsterblichen Helden spannen konnte, um seine Frau geworben haben. Schließlich aber sei ein Bettler aus der Fremde gekommen, habe den Bogen ohne Anstrengung gespannt und durch die Äxte geschossen!"

„Der Fremde ist nicht so schlecht, wie ihr glaubt", sprach darauf Penelope. „Seht euch nur an, wie groß und kräftig er ist! Auch rühmt er sich, der Sohn eines edlen Mannes zu sein. Gebt ihm den Bogen! Spannt er ihn, so soll er nichts weiter von mir haben als Mantel und Leibrock, Speer, Schwert und Sohlen unter die Füße. Damit soll er ziehen, wohin er will."

Nun mischte sich Telemachos ein und sagte: „Mutter, über den Bogen kann kein anderer Grieche bestimmen als ich. Und keiner soll mich mit Gewalt davon abhalten, und wollte ich ihn dem Fremden auf der Stelle schenken, um damit in die weite Welt zu gehen. Du aber, Mutter, geh zurück zu Webstuhl und Spindel."

Staunend fügte sich Penelope der entschlossenen Rede ihres klugen Sohnes.

Und nun brachte der Sauhirt den Bogen, während die Brautwerber ein wütendes Geschrei erhoben: „Wohin willst du damit? Juckt es dich, von deinen eigenen Hunden bei den Schweineställen zerrissen zu werden?"

Erschrocken legte Eumaios den Bogen ab.

Aber Telemachos rief mit drohender Stimme: „Hierher mit dem Bogen, Alter! Du hast nur einem zu gehorchen, sonst jage ich dich mit Steinen hinaus, obwohl ich der Jüngere bin. Wäre ich nur den Brautwerbern so überlegen, wie ich dir es bin!"

Die Brautwerber lachten und ließen in ihrem Zorn nach. Der Sauhirt reichte dem Bettler den Bogen, dann befahl er der Dienerin, die Türen des Hinterzimmers zu verriegeln.

Philötios lief inzwischen aus dem Palast und verschloss sorgfältig die Tür des Vorhofs.

Odysseus aber prüfte den Bogen von allen Seiten, ob in der langen Zeit die Würmer nicht das Holz zernagt hätten oder sonst etwas an ihm beschädigt wäre.

Die Brautwerber sprachen untereinander: „Der Mann scheint sich mit dem Bogen auszukennen! Ob er wohl selbst einen ähnlichen zu Hause hat? Oder will er einen nach diesem Vorbild herstellen? Seht doch, wie ihn der Landstreicher in den Händen hin und her dreht!“

Nachdem Odysseus den gewaltigen Bogen von allen Seiten geprüft hatte, spannte er ihn nur leicht wie ein Sänger die Saiten einer Laute, griff mit der rechten Hand in die Sehne und untersuchte ihre Spannkraft. Die Sehne gab einen hellen Ton von sich, wie das Zwitschern einer Schwalbe. Die Brautwerber durchzuckte alle ein Schmerz und sie wurden blass. Zeus aber donnerte vom Himmel mit heilvoller Vorbedeutung.

Da nahm Odysseus mutig den Pfeil, der auf dem Tisch vor ihm lag, hielt den Bogen, zog die Sehne und schoss den Pfeil ab. Er zielte mit sicherem Auge und der Schuss verfehlte keine Axt. Der Pfeil flog vom vordersten bis zum letzten Öhr hindurch.

Dann sagte Odysseus: „Nun, der Fremde in deinem Palast hat dir keine Schande gebracht, Telemachos! Meine Kraft ist noch genauso stark wie früher, sosehr mich auch die Brautwerber verhöhnt haben. Jetzt aber ist es Zeit, dass wir den

Griechen ihr Abendessen geben, bevor es Nacht wird. Dann folgen Lautenspiel und Gesang und was sonst noch das festliche Mahl erfreuen soll."

Mit diesen Worten gab Odysseus seinem Sohn das heimliche Zeichen. Telemachos warf sich schnell sein Schwert um, griff zum Speer und stellte sich so bewaffnet neben den Stuhl seines Vaters.

Die Rache

Da streifte sich Odysseus die Lumpen ab, und mit dem Bogen und dem Köcher voller Pfeile in der Hand, sprang er auf die höchste Stufe.

Hier schüttete er die Pfeile vor seinen Füßen aus und rief in die Versammlung hinab: „Der erste Wettkampf ist nun vollbracht, ihr Brautwerber! Nun folgt der zweite. Und jetzt wähle ich mir ein Ziel, wie es noch kein Schütze getroffen hat, aber ich werde es wohl nicht verfehlen."

So sprach er und zielte mit dem Bogen auf Antinoos. Dieser hob eben den goldenen Henkelbecher und führte ihn ahnungslos zum Mund. Da traf ihn Odysseus' Pfeil in den Hals. Der Becher fiel ihm aus der Hand, und während er zur Seite sank, stieß er seinen Tisch mitsamt den Speisen um, sodass alles auf den Boden rollte.

Als die Brautwerber das sahen, sprangen sie tobend von ihren Sesseln auf. Sie forschten an den Wänden ringsumher nach Waffen, aber da waren kein Speer und kein Schild zu sehen.

Nun machten sie ihrem Zorn Luft: „Was schießt du auf Männer, verfluchter Fremder? Unseren edelsten Freund hast du getötet. Aber es ist dein letzter Schuss gewesen. Bald werden dich die Geier fressen!"

Sie meinten nämlich, er habe ihn aus Versehen getroffen, und ahnten nicht, dass sie alle das gleiche Schicksal bedrohte.

Odysseus aber rief mit donnernder Stimme zu ihnen hinunter: „Ihr Hunde, ihr meint, ich komme nie mehr aus Troja zurück. Deswegen verschwendet ihr meinen Besitz, verführt meine Dienerschaft, werbt um meine eigene Frau und achtet weder Götter noch Menschen! Jetzt aber ist die Stunde eures Verderbens gekommen!"

Als sie das hörten, wurden die Brautwerber blass vor Entsetzen und jeder sah sich schweigend nach einem Fluchtweg um.

Nur Eurymachos fasste sich und sprach: „Wenn du wirklich Odysseus der Ithaker bist, so hast du ein Recht, uns zu rügen, denn es ist viel Ungehöriges im Palast und auf dem Land geschehen. Aber den, der an allem schuld war, hast du ja bereits erschossen. Denn es war Antinoos, der das alles angestiftet hat. Er warb nicht einmal ernsthaft um deine Frau, sondern er selbst wollte König in Ithaka werden und plante, deinen Sohn heimlich zu ermorden. Das hat er nun davon. Verschone aber deine Stammesgefährten und lass dich versöhnen! Jeder von uns soll dir zwanzig Rinder als Ersatz für das verzehrte Vieh bringen, außerdem Erz und Gold, so viel du willst, bis wir dich wieder versöhnlich gestimmt haben!"

„Nein, Eurymachos", antwortete Odysseus finster, „und wenn ihr mir euer ganzes Erbe anbietet und noch mehr: Ich werde nicht ruhen, bis ihr alle eure Missetaten mit dem Tod gebüßt habt. Macht, was ihr wollt, kämpft oder flieht, keiner wird mir entkommen!"

Den Brautwerbern zitterten Herz und Knie.

Noch einmal sprach Eurymachos, und zwar jetzt zu seinen Freunden: „Liebe Männer, diesen Mann wird niemand mehr aufhalten. Zieht die Schwerter, nehmt die Tische als

Deckung vor seinen Pfeilen. Danach werfen wir uns auf ihn und versuchen, ihn von der Treppe zu verdrängen. Dann zerstreuen wir uns in der Stadt und rufen unsere Freunde zu Hilfe.“

So sprach er, zog sein Schwert aus der Scheide und sprang mit grässlichem Geschrei auf. Da durchbohrte ihn der Pfeil des Helden. Das Schwert fiel ihm aus der Hand, er sank mitsamt dem Tisch zu Boden, warf Speisen und Becher auf die Erde und schlug schließlich mit dem Kopf auf den Boden, wo er tot liegen blieb.

Nun stürmte Amphinomos gegen Odysseus an, um sich mit dem Schwert den Ausgang freizukämpfen. Aber Telemachos Speer traf ihn zwischen den Schulterblättern, sodass er vornüber auf den Boden fiel

Telemachos sprang zu seinem Vater auf die Treppe, dem er einen Schild, zwei Lanzen und einen eisernen Helm brachte. Dann lief er zur Tür hinaus in die Rüstkammer. Hier suchte er für sich und die Freunde noch weitere vier Schilde, acht Lanzen und vier Helme mit wehendem Pferdeschweif aus. Damit waffneten sie sich, er und die beiden treuen Hirten. Die vierte Rüstung brachte er seinem Vater und so standen nun alle vier nebeneinander.

Solange Odysseus noch Pfeile hatte, streckte er mit jedem Schuss einen Brautwerber nieder, sodass sie alle übereinandertaumelten. Dann lehnte er den Bogen an den Türpfosten, warf sich eilig den vierfachen Schild über die Schultern, setzte sich den Helm auf den Kopf und fasste zwei mächtige Lanzen.

In dem Saal gab es noch eine Seitentür, die in einen Gang führte und von da aus in den Hausflur. Die Tür war aber eng und es konnte immer nur ein Mensch hindurchgehen. Diesen schmalen Ausgang hatte Odysseus Eumaios anvertraut. Nun aber, da der Sauhirt seine Stelle verlassen hatte, um sich zu bewaffnen, blieb er unbewacht. Einer der Brautwerber, Agelaos, bemerkte das.

„Wie wäre es, Freunde“, rief er, „wenn wir uns durch die Seitentür flüchteten und so in die Stadt gelangten, um das Volk aufzuwiegeln? Dann hätte der Mann bald ausgewütet!“

„Sei nicht dumm“, sagte Melanthios zu ihm, der Ziegenhirt, der in der Nähe stand und auf der Seite der Brautwerber war. „Tür und Gang sind so eng, dass nur ein einzelner Mann hindurchkann, und wenn sich von den vieren nur einer davorstellt, wehrt er uns alle ab. Lass mich lieber unbemerkt hinausschlüpfen und euch unbemerkt genug Waffen von oben holen.“

Das tat der Ziegenhirt und hatte nach und nach zwölf Schilde und ebenso viele Helme und Lanzen herbeigeschafft.

Unerwartet sah Odysseus seine Feinde mit Rüstungen ausgestattet und mit langen Speeren bewaffnet.

Er erschrak und sprach zu seinem Sohn Telemachos: „Das hat uns eine der falschen Mägde oder der böse Geißhirt eingebrockt!“

„Ach, Vater, ich bin selbst schuld“, erwiderte Telemachos. „Ich habe vorhin, als ich die Waffen holte, die Tür der Rüstkammer in der Eile nur angelehnt.“

Der Sauhirt eilte nun hinauf zur Kammer, um sie zu verschließen. Durch die offene Tür sah er, wie schon wieder der Geißhirt darin stand, um weitere Waffen zu holen. Er lief mit dieser Nachricht zur Treppe zurück.

„Soll ich mich um den Schurken kümmern?“, fragte er seinen Herrn.

„Ja“, erwiderte dieser, „nimm den Rinderhirten mit. Überfallt ihn in der Kammer, dreht ihm die Hände und Füße auf den Rücken und hängt ihn mit einem starken Seil an die Mittelsäule der Kammer. Da soll er ausharren. Dann schließt die Tür ab und kehrt zurück."

Die Hirten gehorchten. Sie schlichen an den Verräter heran, der eben in der Kammer nach weiteren Waffen suchte. Als er wieder zum Ausgang kam, in der einen Hand einen Helm, in der anderen einen alten verschimmelten Schild, packten sie ihn, warfen den Schreienden zu Boden, fesselten ihm Hände und Füße auf den Rücken, knüpften an einen Haken der Decke ein langes Seil, schlangen es um den Geißhirt und zurrten es dicht an der Säule fest.

„Wir haben dich sanft gebettet", sprach der Sauhirt, „gute Nacht!"

Nun verschlossen sie die Tür und kehrten auf ihre Posten zu den Helden zurück.

Unverhofft gesellte sich zu den vieren ein fünfter Kämpfer: Es war Athene in Mentors Gestalt und Odysseus erkannte die Göttin voll Freude.

Als die Brautwerber den neuen Kämpfer bemerkten, rief Agelaos zornig hinauf: „Mentor, ich sage dir, lass dich durch Odysseus nicht dazu verleiten, die Brautwerber zu bekämpfen, sonst ermorden wir neben Vater und Sohn auch dich und dein ganzes Haus!"

Athene entbrannte bei diesen Worten.

Sie spornte Odysseus an und sprach: „Dein Mut scheint mir nicht mehr derselbe zu sein, Freund, wie du ihn zehn Jahre lang vor Troja bewiesen hast. Durch deinen Plan wurde die Stadt vernichtet. Und nun, da es gilt, in deiner eigenen Heimat Palast und Besitz zu verteidigen, stehst du ängstlich den Brautwerbern gegenüber?"

So sprach sie, um seinen Mut anzufeuern. Doch sie hatte nicht vor, mit ihm zusammen zu kämpfen. Denn plötzlich schwang sie sich in Vogelgestalt empor und saß wie eine Schwalbe auf einem rußigen Balken an der Decke.

„Mentor hat sich wieder zurückgezogen, der Angeber“, rief Agelaos seinen Freunden zu. „Die vier sind wieder allein. Lasst uns nun genau überlegen, wie wir vorgehen sollen. Werft nicht alle gleichzeitig eure Lanzen, sondern zuerst ihr sechs da drüben. Zielt alle auf Odysseus. Ist er erst besiegt, kümmern uns die anderen wenig.“

Aber Athene behinderte ihre Würfe: Des einen Lanze durchbohrte den Pfosten, des anderen fuhr in die Tür. Wieder anderen blieb die Lanze in der Wand stecken.

Jetzt rief Odysseus seinen Freunden zu: „Zielt genau, und dann schießt!“

Alle vier schickten ihre Lanzen ab, und keine verfehlte ihr Ziel: Odysseus traf den Demoptolemos, Telemachos den Euryades, der Sauhirt den Elatos und der Rinderhirt den Peisander, die alle miteinander in den Staub fielen.

Einen Augenblick flüchteten sich die noch übrigen Brautwerber in die hinterste Ecke des Saales, aber bald wagten sie sich wieder hervor und zogen die Speere aus den Leichen. Dann schossen sie erneut, aber die meisten verfehlten wieder ihr Ziel. Nur Amphimedons Speer streifte Telemachos' Hand und Ktesippos Lanze ritzte dem Sauhirten die Schulter über dem Schild. Beide wurden dafür von den Verletzten durch Lanzenwürfe getötet.

Der Sauhirt begleitete seinen Wurf mit den Worten: „Nimm dies, du Lästerer, für den Kuhfuß, mit dem du meinen Herrn beschenkt hast, als er noch im Saal bettelte!“

Odysseus hatte Eurydamas mit dem Speer niedergestreckt. Jetzt erstach er Agelaos, und Telemachos jagte Leiokritos den Speer durch den Bauch.

Athene schüttelte ihren Verderben bringenden Ägisschild von der Decke herab und jagte den Brautwerbern Entsetzen ein, sodass sie wie Kinder oder erschrockene kleine Vögel im Saal hin und her irrten.

Odysseus und seine Freunde waren von der Treppe heruntergesprungen und wüteten und mordeten im Saal, sodass schließlich der Boden sich rot färbte vom Blut der Feinde.

Einer der Brautwerber, Leiodes, warf sich Odysseus zu Füßen und flehte ihn an: „Hab Erbarmen mit mir! Nie habe ich Böses in deinem Haus getrieben, habe versucht, die anderen zur Vernunft zu bringen, aber sie hörten nicht auf mich! Ich habe ihre Opfer dargebracht und habe nichts Schlechtes getan, soll ich denn auch sterben?“

„Wenn du der bist, der für sie ihre Opfer darbrachte“, erwiderte Odysseus finster, „so hast du wenigstens für sie gebetet!“

Und nun hob er das Schwert des toten Agelaos auf und schlug Leiodes damit den Kopf ab.

Neben der Seitentür stand der Sänger Phemios, die Harfe in den Händen. Er überlegte in seiner Todesangst, ob er versuchen sollte, sich durch die kleine Tür in den Hof zu retten, oder Odysseus um Gnade anflehen sollte. Schließlich entschloss er sich zu Letzterem, legte die Harfe zwischen Mischkrug und Sessel zu Boden und warf sich vor Odysseus nieder.

„Hab Erbarmen mit mir!“, rief er. „Du würdest es bereuen, wenn du den Sänger erschlagen hättest, der Götter und Menschen mit seinem Lied erfreut. Ich bin der Lehrling eines Gottes und wie einen Gott will ich dich im Gesang feiern! Dein Sohn kann bezeugen, dass ich nicht freiwillig hierherkam, sondern dass sie mich gezwungen haben zu singen!“

Odysseus hob das Schwert, zögerte aber noch.

Da sprang Telemachos herbei und rief: „Halt, Vater, verwunde ihn nicht. Er ist unschuldig. Und lass uns auch den Herold Medon verschonen, wenn er nicht schon von den Hirten oder dir ermordet wurde. Er hat mich schon als Kind so fürsorglich gepflegt und wollte immer nur Gutes für uns.“

Medon, der sich in eine frische Rinderhaut gehüllt und unter seinem Sessel versteckt hatte, hörte die Fürbitte, kam hervor und warf sich Telemachos zu Füßen.

Da lächelte der finstere Odysseus und sprach: „Macht euch keine Sorgen, ihr beiden. Telemachos’ Bitte schützt euch. Geht hinaus, und verkündet den Menschen, wie viel besser es ist, gerecht anstatt treulos zu handeln.“

Die beiden liefen aus dem Saal und setzten sich, noch immer vor Todesangst zitternd, im Vorhof nieder.

Die Bestrafung der Mägde

Odysseus blickte umher und sah keinen lebenden Feind mehr. Sie lagen alle hingestreckt wie Fische, die der Fischer aus dem Netz geschüttet hat.

Da schickte Odysseus Telemachos, um die alte Dienerin Eurykleia zu holen. Sie kam und fand ihren Herrn zwischen all den Toten stehen wie einen Löwen, der Beute gerissen hat und dem Maul und Brust vor Blut triefen und dessen Augen funkeln. So stand Odysseus, Hände und Füße mit Blut befleckt.

Triumphierend jubelte die alte Dienerin bei dem Anblick.

Doch Odysseus rief ihr ernst entgegen: „Freu dich, aber juble nicht: Kein Sterblicher soll über Tote jubeln! Diese hier hat das Gericht der Götter vernichtet, nicht ich. Jetzt aber sag mir: Welche Dienerinnen haben mich verachtet und welche sind mir treu geblieben?“

Eurykleia antwortete: „Von den fünfzig Dienerinnen im Haus haben sich zwölf von euch abgewandt und weder mir noch Penelope gehorcht, die das Regiment über die Mägde nicht ihrem Sohn überließ. Nun aber lass mich meine schlafende Herrin wecken, oh König, und ihr die Freudenbotschaft verkünden.“

„Nein, wecke sie noch nicht“, antwortete Odysseus, „sondern schick mir zuerst die zwölf treulosen Mägde herunter.“

Eurykleia gehorchte und bald darauf erschienen zitternd die Dienerinnen.

Da rief Odysseus seinen Sohn und die treuen Hirten zu sich und sagte zu ihnen: „Tragt nun die Toten hinaus und befehlt den Frauen, euch zu helfen. Dann lasst sie die Sessel und Tische mit Schwämmen säubern und den ganzen Saal reinigen. Wenn dies geschehen ist, bringt die Mägde zu mir heraus zwischen Küche und Hofmauer und macht sie alle mit dem Schwert nieder, damit ihnen die Boshaftigkeit ausgetrieben wird, der sie sich mit den Brautwerbern überlassen haben!“

Klagend und weinend drückten sich die Frauen aneinander, aber Odysseus trieb sie zur Arbeit und herrschte sie an, bis sie die Toten hinausgetragen, Sessel und Tische gesäubert, den Boden gereinigt und den Unrat vor die Tür geschleppt hatten. Dann wurden sie von den Hirten zum Palast hinausgedrängt, zwischen Küche und Hofmauer, wo es keinen Ausweg gab.

Hier sprach Telemachos: „Diese schamlosen Frauen, die Schande über mich und meine Mutter gebracht haben, sollen keines ehrlichen Todes sterben!“

Darauf spannte er ein Seil und erhängte die Mägde daran eine neben die andere.

Jetzt wurde auch der boshafte Ziegenhirt Melanthios über den Vorhof herbeigeschleppt und zerschlagen.

Als Telemachos und die Hirten dies erledigt hatten, war das Werk der Rache vollbracht, und sie kehrten zu Odysseus in den Saal zurück.

Odysseus befahl der Dienerin Eurykleia, eine Pfanne mit Glut und Schwefel zu bringen und Saal, Haus und Vorhof auszuräuchern. Vorher aber brachte sie ihrem königlichen Herrn Mantel und Leibrock.

Sie sagte: „Du sollst nicht mehr in Lumpen im Saal stehen, du herrlicher Held! Das gehört sich doch nicht.“

Odysseus aber ließ die Kleider noch liegen und wies die Dienerin an, seinen Befehl auszuführen.

Während sie den Saal und das ganze Haus ausräucherte, rief sie auch die treu gebliebenen Dienerinnen herbei. Diese drängten sich bald um ihren geliebten Herrn, hießen ihn mit Freudentränen willkommen, drückten ihr Gesicht auf seine Hände und konnten nicht aufhören, ihn zu küssen.

Odysseus aber weinte und schluchzte vor Freude, denn jetzt erkannte er, wer ihm treu geblieben war.

Odysseus und Penelope

Als Eurykleia mit der Räucherung fertig war, ging sie hinauf zu ihrer geliebten Herrin, um ihr endlich zu berichten, dass ihr Mann Odysseus in die Heimat zurückgekommen sei.

Mit zittrigen Knien trat sie an Penelopes Lager, weckte sie und sprach: „Liebe Tochter, wach auf! Du sollst mit eigenen Augen sehen, worauf du von Tag zu Tag gewartet hast: Odysseus ist zurück! Odysseus ist endlich im Palast! Er hat die üblen Brautwerber, die dir solche Angst gemacht haben, deinen Besitz verschwendeten und deinen Sohn beschimpften - er hat sie erschlagen!"

Penelope rieb sich den Schlaf aus den Augen und sagte: „Mütterchen, du bist eine Närrin. Die Götter haben dir den Verstand geraubt. Was weckst du mich mit deinen Lügen aus dem sanftesten Schlaf? Seit Odysseus fort ist, habe ich nicht mehr so fest geschlafen! Hätte mich eine andere mit diesem Märchen getäuscht, würde ich sie bestrafen und nicht nur tadelnd fortschicken, und auch dich schützt nur dein Alter. Aber geh auf der Stelle hinunter in den Saal."

„Sei nicht böse auf mich", entgegnete die Dienerin. „Es ist der Fremde, der Bettler, über den alle im Saal gelacht haben. Dein Sohn Telemachos wusste es längst, aber er sollte das Geheimnis für sich behalten, bis Rache an den Brautwerbern genommen war."

Als sie das hörte, sprang die Fürstin auf, drückte sich an die Dienerin und weinte: „Wenn es wirklich wahr ist, was du sagst, wenn Odysseus wirklich im Palast ist: Berichte mir, wie überwältigte er die zahllosen Brautwerber?"

„Ich selbst habe es weder gesehen noch gehört", antwortete Eurykleia, „denn wir Frauen saßen voll Angst in den fest verschlossenen Zimmern. Aber das Ächzen hörte ich wohl. Und als mich endlich dein Sohn herbeirief, da fand ich deinen Mann im Saal, von Leichen umringt, denn die Brautwerber alle lagen auf dem Boden übereinander. Egal, wie blutverschmiert er auch war, er hätte dir gefallen. Jetzt aber liegen die Leichen alle weit draußen vor dem Hoftor und ich habe das ganze Haus mit reinigendem Schwefel ausgeräuchert. Du kannst ohne alles Grauen hinuntergehen."

„Ich kann es immer noch nicht glauben", sprach Penelope, „es muss ein Unsterblicher gewesen sein, der sie alle erschlagen hat. Aber Odysseus? Nein, der ist fern und nicht mehr am Leben!"

Die alte Dienerin schüttelte den Kopf und entgegnete: „Ich will dir noch ein sicheres Erkennungszeichen nennen: Du kennst seine Narbe, die vom Zahn eines Ebers herrührt. Nun damals, als ich auf deinen Befehl dem Bettler die Füße wusch, erkannte ich sie und wollte es dir auf der Stelle sagen. Aber er bat mich, ihn noch nicht zu verraten."

„So lass uns denn hinuntergehen", sprach Penelope, vor Furcht und Hoffnung zitternd.

Und so stiegen sie beide miteinander hinab in den Saal und traten über die Schwelle. Hier setzte sich Penelope, ohne ein Wort zu reden, im Glanz des Herdfeuers Odysseus gegenüber. Er selbst saß an der Säule mit gesenktem Blick und wartete, dass sie anfing zu reden. Aber Staunen und Zweifel machten die Königin stumm. Mal glaubte sie, sein Gesicht zu erkennen, dann wieder erschien es ihr fremd und sie sah nur auf die Lumpen des Bettlers.

Endlich trat Telemachos zu ihr und sagte halb lächelnd, halb tadelnd: „Aber Mutter, wie kannst du so ungerührt bleiben? Setz dich doch zum Vater, forsche, frage! Welche andere Frau, deren Mann nach zwanzig Jahren heimkehrt, nachdem er so viel Leid erfahren hat, würde sich so benehmen! Hast du denn kein Herz, sondern einen Stein in der Brust?"

„Ach, lieber Sohn", erwiderte Penelope, „ich staune und staune. Ich kann ihn nicht ansprechen, ich kann ihn nicht fragen, ich kann ihm nicht gerade ins Gesicht schauen! Und doch ist er es wirklich, er ist mein Odysseus, er ist zurückgekommen in sein Haus! Wir werden einander schon erkennen, und viel sicherer, denn wir haben geheime Zeichen, die niemand sonst kennt."

Da wandte sich Odysseus mit sanftem Lächeln an seinen Sohn und sprach: „Lass die Mutter ruhig ihre Zweifel haben. Sie verachtet mich, weil ich so hässliche Lumpen trage. Nun, wir werden noch sehen, wie wir sie überzeugen. Jetzt aber ist anderes wichtiger: Wer auch nur einen einzigen Mann aus dem Volk getötet hat, der flieht aus seinem Haus und seiner Heimat, auch wenn der Getötete nur wenige Rächer hinterlässt. Wir aber haben die Stützen des Landes, die edelsten jungen Männer der Insel und der Nachbarschaft erschlagen, was tun wir?"

„Vater", sagte Telemachos, „das wirst du am besten wissen. Du giltst in aller Welt als klügster Ratgeber."

„So will ich euch denn mitteilen", erwiderte Odysseus, „was ich für das Klügste halte: Du, die Hirten, alle, die im Haus sind, ihr nehmt vor allen Dingen ein Bad und schmückt euch aufs Allerbeste. Auch die Mägde ziehen ihre besten Kleider an. Der Sänger aber nimmt die Harfe zur Hand und spielt uns allen zum Tanz auf. Wer dann über die Straße geht oder in der Nähe wohnt, meint, das Fest sei noch in vollem Gange. Und so verbreitet sich die Nachricht von der Ermordung der Brautwerber nicht eher in der Stadt, bis wir unsere Besitzungen auf dem Land erreicht haben. Dann wird uns ein Gott eingeben, was weiter zu tun ist."

Bald erklang das ganze Haus von Harfenspiel, Gesang und Tanz.

Auf der Straße versammelten sich die Einwohner und sprachen zueinander: „Nun gibt es keinen Zweifel mehr! Penelope hat sich wieder verheiratet und im Palast wird Hochzeit gefeiert. Konnte die böse Frau nicht warten, bis der Mann ihrer Jugend zurückgekehrt ist?“

Endlich gegen Abend lief das Volk auseinander.

Odysseus hatte sich in dieser Zeit gebadet und gesalbt. Athene aber übergoss ihn jetzt wieder mit Anmut und wie ein Unsterblicher stieg er aus der Badewanne.

So trat er in den Saal und setzte sich wieder in seinen Thronsessel, seiner Frau gegenüber.

„Seltsame Frau“, sprach er, „die Götter haben dir doch ein gefühlloses Herz gegeben. Keine andere Frau wird so hartnäckig ihren Mann verleugnen, wenn er nach zwanzig Jahren nach so viel erlebtem Leid heimkehrt. So wende ich mich denn an dich, Eurykleia, damit du mir irgendwo mein Lager bereitest, denn diese hier hat ein eisernes Herz in der Brust!“

Jetzt sprach Penelope: „Nicht Stolz oder Verachtung hält mich von dir zurück. Ich weiß noch gut, wie du aussahst, als du Ithaka verlassen hast. Aber gut, Eurykleia, bereite ihm ein gemütliches Lager außerhalb des Schlafzimmers.“

So stellte Penelope ihren Mann auf die Probe.

Odysseus aber blickte verärgert auf und sagte: „Du hast mich beleidigt, Frau. Mein Bett kann kein Sterblicher verrücken, auch nicht mit aller Kraft. Ich habe es selbst gebaut und es birgt ein großes Geheimnis. Mitten auf dem Platz, wo wir den Palast anlegten, stand ein großer, schattiger Olivenbaum, wie eine Säule gewachsen. Ich ließ das Haus so anlegen, dass der Baum mitten im Schlafzimmer stand. Als nun die Kammer fertig errichtet war, sägte ich die Krone des Ölbaums ab und fing von der Wurzel aus an, den Stamm zu behauen und zu glätten. So bildete ich den Fuß des Bettes und meißelte den Rest aus. Dann wurde das Bett von mir kunstvoll mit Gold, Silber und Elfenbein durchwebt und mit Riemen aus starker Stierhaut ausgespannt. Dies ist unser Lager, Penelope! Ob es noch steht, weiß ich nicht, aber wer es verstellt hat, musste den Ölbaum von seiner Wurzel trennen."

Der Königin zitterten die Knie, als sie das Zeichen erkannte. Weinend erhob sie sich vom Stuhl, lief auf ihren Mann zu und umarmte und küsste ihn immer wieder.

Dann sagte sie: „Odysseus, du bist ja immer so gut, so klug gewesen. Sei mir nicht böse! Die ewigen Götter haben Leid über uns verhängt, weil es ihnen zu selig schien, uns unser junges Leben in Frieden miteinander verbringen und uns gemeinsam alt werden zu lassen. Verzeih mir, dass ich dich nicht auf der Stelle zärtlich willkommen geheißen habe. Mein armes Herz war in ständiger Angst, ein schlauer Betrüger könnte mich täuschen. Doch wie du unser Bett gebaut hast, wissen nur wir beide. Jetzt ist mein hartes Herz besiegt und überzeugt!"

Die halbe Nacht erzählten die Eheleute sich, wie elend es ihnen beiden in den letzten zwanzig Jahren ergangen war. Die Königin wollte nicht schlafen, bis ihr Mann ihr nicht ausführlich von all seinen Irrfahrten berichtet hatte. Doch endlich gingen alle im Palast zur Ruhe und suchten Erholung von den Anstrengungen und aufregenden Erlebnissen des Tages.

Odysseus und Laërtes

Am nächsten Morgen hatte sich Odysseus in aller Frühe reisefertig gemacht.

„Liebe Frau“, sprach er zu Penelope, „wir beide haben bisher den Becher des Leidens getrunken. Du hast mein Fortbleiben beweint und ich wurde durch Zeus und andere Götter von der Rückkehr in die Heimat abgehalten. Jetzt, da wir beide wieder zusammen und unsere Herrschaft und unser Besitz sicher sind, kümmere dich um alles, was uns im Palast noch geblieben ist. Was die Brautwerber verschwendet haben, werden uns teils die Geschenke, mit denen sie zuletzt um dich geworben haben, teils Beute und Gaben, die ich aus der Fremde mitbringe, ersetzen. So werden unsere Viehhöfe bald wieder voll sein. Ich selbst aber werde zu meinem guten alten Vater aufs Landgut gehen, der schon so lange um mich trauert. Da die Nachricht von der Ermordung der Brautwerber sich aber allmählich in der Stadt verbreiten muss, rat ich dir, dich mit deinen Dienerinnen in die Frauenräume zurückzuziehen, damit dich niemand sieht und dir Fragen stellen kann.“

Dann warf sich Odysseus sein Schwert um die Schulter und weckte seinen Sohn Telemachos und die beiden Hirten. Auf seinen Befehl nahmen sofort alle drei ebenfalls ihre Waffen. So eilten sie zu viert in der ersten Morgenröte durch die Stadt.

Ihre Beschützerin aber, Pallas Athene, hüllte die Wanderer in einen dichten Nebel, sodass kein einziger Bewohner der Stadt sie bemerkte.

Es dauerte nicht allzu lange, bis sie den idyllisch gelegenen ordentlichen Hof des alten Laërtes erreicht hatten. In seiner Mitte lag, von Wirtschaftsgebäuden umringt, das Wohnhaus. Hier aßen und schliefen die Knechte, die das Feld bestellten. Auch wohnte dort eine alte Sizilianerin, die den alten Mann auf dem einsamen Landgut mit großer Sorgfalt pflegte.

Als die Wanderer nun vor dem Haus standen, sagte Odysseus zu seinem Sohn und den Hirten: „Geht ihr schon hinein und schlachtet ein Mastschwein für unser Mittagessen. Ich will aufs Feld hinausgehen, wo der gute Vater ohne Zweifel bei der Arbeit ist, und ihn auf die Probe stellen, ob er mich wohl noch erkennt. Es dauert nicht lange, bis ich mit ihm zurückkomme, und dann essen wir fröhlich zusammen."

Er gab den Freunden Schwert und Speer, und diese wandten sich dem Haus zu.

Er selbst schlug den Weg zu den Pflanzungen seines Vaters ein und kam zuerst durch den Nutzgarten. Vergebens suchte er hier den Oberknecht Dolios, dessen Söhne und die übrigen Knechte. Sie waren alle ins Feld hinausgegangen, um Dornensträucher für die Umzäunung der Baumpflanzung zu sammeln.

Als der König bei der Obstwiese angekommen war, fand er endlich den alten Vater selbst. Er stand zwischen seinen Bäumen und war gerade damit beschäftigt, ein kleines Bäumchen umzupflanzen. Er sah aus wie ein alter Knecht mit seinem groben, schmutzigen und an vielen Stellen geflickten Leibrock. Um die Beine trug er ein paar alte Felle aus Ochsenleder, um sich damit gegen die Dornen zu schützen, an den Händen Handschuhe, auf dem Kopf eine Mütze aus Ziegenfell.

Als Odysseus seinen Vater in diesem elenden Aufzug sah, gebeugt vom Alter mit Spuren schweren Kummers auf dem

Gesicht, lehnte er sich vor Schmerz an einen Baumstamm und weinte bitterlich. Am liebsten hätte er den Vater sofort geküsst und umarmt und ihm gesagt, dass er sein endlich heimgekehrter Sohn sei. Doch er konnte der Versuchung nicht widerstehen, auch den Vater auf die Probe zu stellen.

Während der Vater eifrig die Erde um den jungen Baum auflockerte, trat Odysseus also zu ihm und sagte: „Alter Mann, du scheinst dich mit dem Gartenbau ziemlich gut auszukennen. Alle Bäume und Reben sind bestens gepflegt. Dasselbe gilt für die Blumen- und Gemüsebeete. Aber nimm es mir nicht übel, ich bin ehrlich: Du selbst scheinst nicht gründlich gepflegt zu werden, Alter, dass du so schmutzig und in so hässlicher Kleidung herumläufst! Das ist nicht richtig von deinem Herrn. Und betrachtet man deine Gestalt und Größe, so findet sich gar nichts von einem Knecht an dir. Vielmehr wirkst du königlich. Ein Mann wie du hat es verdient, gebadet und gut ernährt auszuruhen, wie man es den Alten gönnen sollte. So sage mir doch, wer ist dein Herr und für wen bestellst du diesen Garten? Und ist dieses Land wirklich Ithaka, wie mir ein Mann, dem ich eben begegnete, verraten hat? Es war übrigens ein unfreundlicher Mensch. Er antwortete mir nicht einmal, als ich ihn fragte, ob der Gastfreund noch lebt, den ich hier besuchen will. In meiner Heimat habe ich nämlich vor langer Zeit einen Mann bei mir aufgenommen und ich hatte noch nie einen lieberen Gast. Er stammte von Ithaka und erzählte mir, er sei ein Sohn von König Laërtes. Ich bewirtete den lieben Freund aufs Allerbeste und reichte ihm ein stattliches Ehrengeschenk, als er mich wieder verließ."

So log der erfindungsreiche Odysseus.

Sein Vater aber hatte bei dieser Nachricht vom Boden aufgeschaut.

Tränen waren ihm in die Augen getreten, und er sprach: „Guter Fremder, bist du in das Land gekommen, nach dem du fragst. Aber es wohnen böswillige, üble Menschen darin, die du mit all deinen Geschenken nicht satt kriegen könntest. Der Mann, den du suchst, ist nicht mehr da. Aber sage mir, wie lang ist es her, dass dein unglücklicher Gastfreund, mein Sohn, dich besucht hat? Denn er ist es gewesen, mein armer Sohn, der jetzt vielleicht irgendwo tief auf dem Meeresgrund liegt oder dessen Fleisch die wilden Tiere und Raubvögel gefressen haben. Seine Eltern haben ihm nicht das Totenhemd angezogen. Seine edle Frau Penelope hat nicht schluchzend an seinem Totenbett gestanden und ihm die Augen zugedrückt! Aber wer und woher bist du denn? Wo ist dein Schiff, wo sind deine Gefährten? Oder hat dich ein Schiff als Reisenden mitgenommen und du bist allein an unserem Ufer ausgestiegen?“

„Ich will dir alles erzählen, edler Greis“, antwortete Odysseus. „Ich bin Eperitos, der Sohn des Apheidas aus Alybas. Ein Sturm hat mich an euer Ufer getrieben, wo mein Schiff nicht fern von der Stadt vor Anker liegt. Fünf Jahre ist es her, dass dein Sohn Odysseus meine Heimat verlassen hat. Er ging fröhlich davon und Glücksvögel begleiteten ihn. Wir wollten uns noch oft als Gastfreunde wiedersehen und uns gegenseitig schöne Geschenke machen.“

Dem alten Laërtes wurde schwarz vor Augen. Mit beiden Händen griff er in die dunkle Erde, streute sie sich auf sein schneeweißes Haar und fing laut an zu jammern.

Jetzt lief dem Sohn das Herz über und er atmete schwer.

Er stürzte auf seinen Vater zu, umarmte ihn unter Küssen

und rief: „Ich bin es selbst, Vater, ich selbst, nach dem du fragst! Nach zwanzig Jahren bin ich in die Heimat zurückgekommen. Hör auf zu weinen, und vergiss deinen Kummer, denn ich sage dir: Ich habe alle Brautwerber in unserem Palast erschlagen!“

Staunend schaute Laërtes ihn an und rief endlich laut: „Wenn du wirklich Odysseus, mein heimgekehrter Sohn, bist, so gib mir ein Erkennungszeichen!“

Odysseus erwiderte: „Sieh hier die Narbe, lieber Vater, die von der Wunde des Ebers stammt. Es war an dem Tag, an dem Mutter und du mich zu ihrem guten alten Vater Autolykos geschickt habt. Ich sollte die Gaben, die er mir versprochen hatte, bei ihm abholen. Aber du sollst auch noch ein zweites Zeichen haben: Ich will dir die Bäume zeigen, die du mir einst geschenkt hast. Denn als ich noch ein kleines Kind war und dich in den Garten begleitete, gingen wir zwischen den Reihen umher und du zeigtest mir die verschiedenen Gattungen. Dreizehn Birnbäume hast du mir geschenkt, zehn Äpfelbäume, vierzig kleine Feigenbäume und fünfzig Weinreben dazu, die jeden Herbst voll prächtiger Trauben stehen müssen.“

Der alte Mann hatte keinen Zweifel mehr und fiel in den starken Armen seines Sohnes in Ohnmacht.

Als endlich sein Bewusstsein zurückgekehrt war, rief er laut: „Zeus und all ihr Götter! Ja, ihr lebt noch, sonst wären die Brautwerber nicht bestraft worden! Aber jetzt habe ich neue Sorge um dich, mein Sohn. Die edelsten Häuser in Ithaka und den Inseln sind durch dich verwaist. Die Stadt und alle Nachbarschaft werden sich gegen dich erheben.“

„Sei unbesorgt, lieber Vater“, sprach Odysseus, „und kümmere dich nicht darum. Folge mir zu deinem Wohnhaus. Dort warten schon dein Enkel Telemachos, der Rinderhirt und der Sauhirt und haben uns eine Mahlzeit bereitet.“

So gingen sie beide zusammen in das Landhaus, wo Telemachos und die Hirten schon mit der Zerlegung des Fleisches beschäftigt waren und der rote Festwein in den Bechern perlte.

Vor der Mahlzeit wurde Laërtes von seiner treuen alten Dienerin gebadet und gesalbt und legte zum ersten Mal seit vielen Jahren wieder sein schönes fürstliches Gewand an. Während er es anzog, näherte sich ihm unsichtbar die Göttin Pallas Athene und verlieh auch ihm einen aufrechten Wuchs und eine vornehme Gestalt.

Als er wieder zu den anderen trat, sah sein Sohn Odysseus verwundert zu ihm auf und sprach: „Vater, sicher hat einer der unsterblichen Götter dir Schönheit verliehen!"

„Ja, bei allen Göttern!", sagte Laërtes. „So wie ich mich heute fühle, hätte ich gestern im Saal an deiner Seite gekämpft!"

So redeten sie froh miteinander und setzten sich endlich alle zum Mahl nieder.

Jetzt kam auch der alte Großknecht Dolios samt seinen Söhnen müde von der Feldarbeit zurück. Beim Eintreten erkannten sie König Odysseus und blieben wie angewurzelt stehen.

Odysseus aber sprach sie freundlich an: „Schnell, setzt euch und esst mit uns. Wir warten schon lange auf euch! Staunen könnt ihr ein anderes Mal."

Da lief Dolios mit ausgebreiteten Armen auf den Helden zu, nahm seine Hand und bedeckte sie mit Küssen. „Lieber Herr, sei gesegnet", rief er, „nachdem du unser aller Wunsch erfüllt hast und endlich heimgekommen bist! Sage mir, weiß Penelope es schon oder sollen wir ihr Nachricht schicken?"

„Sie weiß alles“, antwortete Odysseus, „du musst dich nicht bemühen.“

Da setzte sich Dolios zum Mahl. Seine Söhne drängten sich um Odysseus, drückten ihm die Hände und hießen ihn willkommen. Dann nahmen auch sie an der Seite ihres Vaters Platz und alle aßen fröhlich zusammen.

Athene beruhigt den Aufruhr in der Stadt

In der Stadt Ithaka lief inzwischen die Nachricht vom grausamen Schicksal, das die Brautwerber getroffen hatte, durch alle Straßen. Von allen Seiten drängten jetzt die Verwandten der Getöteten zu Odysseus' Palast, wo sie an einer abgelegenen Stelle des Hofes die Leichen aufgeschichtet fanden. Unter lautem Klagen, vermischt mit Drohungen, trugen sie die Toten hinaus und bestatteten sie. Diejenigen, die aus anderen Städten und Inseln stammten, wurden auf schnellen Fischerkähnen in ihre Heimat geschickt. Dann versammelten sich die Väter, Brüder und Verwandten der Brautwerber alle zusammen auf dem Markt.

Eupeithes, Antinoos' Vater, war ein mächtiger, hoch angesehener Mann, dem der Schmerz um den Tod seines Sohnes an der Seele nagte.

Er weinte vor dem Volk und sprach: „Freunde, der Mann, den ich vor euch anklage, hat großes Unglück über Ithaka und die Nachbarstädte gebracht! Vor zwanzig Jahren entführte er so viele unserer tapferen Männer auf seinen Schiffen. Er verlor die Schiffe und auch die Gefährten. Endlich allein wieder heimgekehrt, hat er die edelsten jungen Männer unseres Volkes erschlagen. Bevor sich der Verbrecher hinüber auf die Pelopsinsel nach Pylos oder Elis rettet, folgt ihm, ergreift ihn! Wir könnten sonst vor Schande die Augen nicht wieder aufmachen. Unsere Nachkommen müssten sich noch schämen, wenn wir, ihre Vorfahren, die Mörder unserer Söhne und Brüder nicht bestraft hätten. Ich wenigstens könnte nicht mehr mit gutem Gewissen leben. Über kurz oder lang zöge mich der Schatten meines Sohnes zu sich hinab! Darum ihnen nach, wenn ihr Männer seid! Ergreifen wir Vater und Sohn, ehe sie uns übers Meer entkommen!“

Die ganze Versammlung erfasste Mitleid, als sie den Mann unter Tränen so reden hörte.

In diesem Augenblick kamen Phemios der Sänger und der Herold Medon aus dem Palast des Königs und traten in den Kreis der Versammelten. Die Männer staunten nicht wenig, die beiden noch lebendig zu sehen, hatten sie sie doch auch für tot gehalten.

Der Herold Medon bat um das Wort und sprach zum versammelten Volk: „Männer von Ithaka, hört mich an! Ich kann beschwören, dass Odysseus nicht ohne den Beschluss der Unsterblichen gehandelt hat. Ich selbst habe den Gott gesehen, der ihm in Mentors Gestalt immer zur Seite war und bald Odysseus Mut gab, bald im Saal herumtobte und den Brautwerbern die Sinne verwirrte. Es ist das Werk dieses Gottes, dass sie sterbend übereinandertaumelten.“

Entsetzen ergriff das versammelte Volk, als es den Herold so sprechen hörte.

Als der erste Schrecken vorüber war, nahm ein ergrauter Held, Halitherses, der auf die Vergangenheit zurückblicken und in die Zukunft vorausschauen konnte, das Wort und sprach: „Hört, ihr Einwohner Ithakas, was ich euch zu bedenken geben will. Ihr seid selbst schuld an allem, was geschehen ist. Warum habt ihr meinen und Mentors Rat nicht befolgt, eure verschwenderischen Söhne im Zaum zu halten, als sie Tag für Tag das Eigentum des abwesenden Mannes verprassten und unwürdige Forderungen an seine Frau richteten, als käme er nicht mehr zurück? Ihr selbst habt euch zuzuschreiben, was jetzt im Palast vorgefallen ist. Und wenn ihr klug seid, so werdet ihr den Mann nicht verfolgen, der sich nur gegen die Feinde seines Hauses gewehrt hat. Tut ihr es doch, so kommt das Unheil über euch, das ihr selbst herbeizieht."

Als Halitherses seine Rede beendet hatte, entstanden Unruhe und Streit in der Versammlung. Die eine Hälfte erhob sich zornig und stürmisch, die andere beriet sich weiter.

Die aufgeregte Hälfte war für die Vorschläge des Eupeithes. Sie warfen sich in die Rüstungen und versammelten sich vor der Stadt. Hier stellte sich Eupeithes an die Spitze der Truppe und brach mit ihr auf, den Tod seines Sohnes und der anderen Brautwerber zu rächen.

Sobald Pallas Athene vom Olymp herab ihren Aufbruch bemerkte, trat sie vor ihren Vater Zeus und sprach: „Herr der Götter, sage mir, was du in deiner Weisheit beschlossen hast. Willst du die ruhigen Einwohner Ithakas durch Krieg und Streit strafen oder den Streit beider Parteien im Frieden beilegen?"

„Warum willst du hinterfragen, was schon beschlossen ist, Tochter!", antwortete Zeus. „Hast du nicht selbst mit meinem Willen den Beschluss gefasst und vollzogen, dass Odysseus endlich als Rächer in seine Heimat zurückkehrt? Nachdem dir dies gewährt worden ist, mach auch weiter, was dir gefällt.

Willst du aber meinen Plan wissen, so ist es dies: Nachdem Odysseus die Brautwerber bestraft hat, soll ein heiliger Bund beschworen werden, und er soll ihr König sein und bleiben für immer.

Uns aber lass dafür sorgen, dass aus dem Gedächtnis aller Beteiligten die Ermordung ihrer Söhne und Brüder gelöscht wird. Gegenseitige Liebe soll unter allen herrschen wie zuvor. Einigkeit und Wohlstand sollen unerschüttert bleiben."

Diese Entscheidung war der Göttin hochwillkommen. Sie verließ den Olymp und ließ sich auf der Insel Ithaka nieder.

Der Sieg des Odysseus

Auf Laërtes' Landgut war das Mahl vorbei.

Sie saßen noch um den Tisch beisammen, als Odysseus nachdenklich zu seinen Freunden sprach: „Ich denke, unsere Gegner werden in der Stadt auch nicht untätig gewesen sein und es wäre sicher gut, wenn einer von uns die Straße auskundschaften würde."

Sofort stand einer der Söhne des Dolios auf und ging hinaus. Weiter musste er nicht gehen, denn er entdeckte sogleich, dass eine gewaltige Truppe auf das Haus zumarschierte.

Erschrocken ging er wieder hinein und rief den anderen zu: „Sie kommen! Odysseus, sie sind schon ganz in der Nähe! Schnell, macht euch bereit!"

Augenblicklich sprangen alle auf und bewaffneten sich. Sie waren zwölf Männer: Odysseus, sein Sohn und die beiden Hirten, dann Dolios' sechs Söhne und schließlich, so grauköpfig sie waren, Dolios und Laërtes selbst. Odysseus stellte sich an die Spitze und der kleine Trupp trat aus dem Haus.

Kaum waren sie draußen, als sich in Mentors Gestalt ihre

mächtigste Verbündete zu ihnen gesellte, die würdige Göttin Pallas Athene. Ihr Anblick erfüllte Odysseus, der sie sofort erkannte, mit froher Hoffnung.

„Telemachos“, sprach er zu seinem Sohn, „jetzt erfülle die Erwartungen deines Vaters. Zeige dich in der Schlacht da, wo die tapfersten Männer kämpfen, und mache unserem Familienstamm Ehre, der sich schon immer durch Tapferkeit und Mut ausgezeichnet hat.“

„Kannst du nach der Schlacht mit den Brautwerbern noch an meiner Kampflust zweifeln, Vater?“, erwiderte Telemachos. „Du wirst sehen, dass ich keine Schande für unsere Familie bin!“

Über diese Worte freute sich Laërtes, der Vater und Großvater.

Er rief: „Welch großartiger Tag ist dies, ihr Götter, wie froh ist mein Herz! Im Wettkampf der Tapferkeit stehen hier Vater, Sohn und Enkel!“

Da näherte sich ihm Pallas Athene und flüsterte ihm ins Ohr: „Sohn des Akrisios, mir der liebste von all deinen Streitgefährten, bete zu Zeus und die Zeustochter und dann wirf mit Schwung deine Lanze.“

So sprach Athene und erfüllte den Alten mit Mut. Er richtete ein Gebet an Zeus und Athene und warf seine Lanze. Der Wurf traf das Helmvisier des feindlichen Anführers Eupeithes, das die kräftig geworfene Lanze nicht aufhalten konnte. So fiel Antinoos’ Vater mitsamt seinen Waffen tot in den Staub.

Odysseus und Telemachos aber und alle ihre Freunde wüteten in vorderster Reihe mit Schwert und Lanze. Und sie hätten auch sicher alle Feinde vernichtet, wenn nicht plötzlich Pallas Athene ihre Götterstimme erhoben hätte und ihr lauter Ruf alle Streiter mitten im Kampf zurückhielt.

Sie rief: „Hört auf, ihr Ithaker, hört auf mit dem unseligen Krieg und trennt euch!"

Entsetzen erfasste die heranziehenden Truppen bei diesem Donnerlaut. Die Waffen fielen ihnen aus den Händen und rollten auf die Erde. Wie vom Sturm umgedreht, kehrten die Feinde um und flohen in die Stadt zurück, nur darauf bedacht, ihr Leben zu retten.

Odysseus und seine Freunde aber erschraken nicht beim Ruf ihrer Verbündeten. Sie schwangen Lanzen und Schwerter und Odysseus flog an der Spitze der Verfolger fürchterlich schreiend vorwärts. Vor ihnen her aber zog wie ein Gewittersturm Athene, noch immer in Mentors Gestalt.

Doch Zeus' Befehl sollte erfüllt und der Friede nicht länger gestört werden. Sein Blitz schlug vor der Göttin in den Boden und die Unsterbliche selbst bebte vor dem Strahl zurück.

„Sohn des Laërtes", sprach sie und drehte sich zu Odysseus um, „jetzt lass ab vom Kampf. Beruhige dein Herz, damit du dem allmächtigen Donnerer nicht missfällst!"

Odysseus und seine Schar gehorchten und Athene zog mit ihnen allen in die Stadt zurück auf den Marktplatz von Ithaka. Herolde wurden ausgesandt und das ganze Volk zur Versammlung geholt.

Und nun erfüllte sich Zeus' Versprechen: Alle hatten ihren Ärger vergessen. In Mentors Gestalt und mit seiner Stimme erneuerte Pallas Athene selbst zwischen Odysseus und den Oberhäuptern der Stadt und der Gegend den Bund des ewigen Friedens und das ganze Volk ehrte Odysseus als König und Schutzherrn. Jubelnde Scharen begleiteten ihn zum Palast zurück. Penelope, die den Ruf des Sieges und des

Friedens gehört hatte, kam ihm mit allen Dienerinnen festlich geschmückt und bekränzt entgegen.

Das wiedervereinigte Paar erlebte noch viele glückliche Jahre zusammen.

Erst in später Zeit erfüllte sich an Odysseus, was ihm einst Tiresias in der Unterwelt vom Ende seiner Tage prophezeit hatte.

Gustav Schwab (1792 - 1850) war Pfarrer, Gymnasialprofessor und Schriftsteller. Er hat mit den „Sagen des klassischen Altertums" einen Klassiker der deutschsprachigen Kinder- und Jugendliteratur geschaffen und ab 1838 einer breiten Öffentlichkeit zugänglich gemacht.

Dorothea von der Höh, geboren 1963, studierte Germanistik, Geschichte und Erziehungswissenschaft in Münster. Dabei lernte sie unter anderem die alten Römer und Griechen kennen und war fasziniert von deren Mythologie, den Geschichten über Götter, Helden und Dämonen. Sie arbeitet als freie Lektorin und wohnt mit ihrer Familie und vielen Tieren am Niederrhein.

DIE GANZE GESCHICHTE

ISBN 978-3-7348-5500-9

Die SAGEN DES KLASSISCHEN ALTERTUMS von Gustav Schwab (1792-1850) waren über viele Jahrzehnte ein Klassiker. Auch heute noch begegnen uns im Theater und im Opernhaus, in Museen auf antiken Vasen und neuzeitlichen Gemälden, in Comics und im Film immer wieder Figuren und Motive der trojanischen Mythen. Deshalb lohnt es sich nach wie vor, den wichtigsten und wirkungsreichsten Sagenkreis der Antike, die Geschichten von und um Troja und ihre Helden, zu kennen. Der vorliegende Text ist im engen Anschluss an die Schwab'sche Vorlage entstanden, aber durch behutsame sprachliche Anpassungen von Dorothea von der Höh modernisiert und durch gelegentliche Erläuterungen bereichert worden.

ALS TASCHENBUCH

ISBN 978-3-7348-8300-2

Die ILIAS ist Bestandteil des trojanischen Sagenkreises, des wichtigsten und wirkungsreichsten Sagenkreises der Antike, der in den SAGEN DES KLASSISCHEN ALTERTUMS erzählt wird. In dieser Taschenbuchausgabe soll die von Gustav Schwab erstellte ILIAS dazu dienen, das Altertum auch einem jungen Publikum zugänglich zu machen.

Natürlich magellan©

FSC
www.fsc.org
MIX
Papier aus verantwortungsvollen Quellen
FSC® C083411

Wir pflanzen Bäume
Für unsere Umwelt
www.magellanverlag.de

FAIR PRODUZIERT
www.magellanverlag.de

Hergestellt in Deutschland
Gedruckt auf FSC®-Papier
Lösungsmittelfreier Klebstoff
Drucklack auf Wasserbasis

1. Auflage 2022

Lektorat: Dorothea von der Höh
Umschlaggestaltung: Christian Keller unter der Verwendung
eines Motivs von shutterstock/Bourbon-88
Illustrationen: shutterstock/luma_art
Druck: CPI, Leck
ISBN 978-3-7348-8301-9

www.magellanverlag.de